速溶綜合研究所　著

# 圖解
# 提問力

快速獲取
答案的 49 種技巧

U0106949

非凡出版

在正確的時間向正確的人提出
正確的問題，往往能獲得
高出預期的效果。

巧妙且嫻熟地提問，不但能獲得想知道的答案，還能給對方留下敏銳機智的印象。本書共 7 章，以圖解形式展示了職場人士在商談、會議、交涉等場合的提問實例，講解了「獲得訊息型提問」、「解決問題型提問」、「引導、說服、提醒型提問」、「溝通型提問」和「激發興趣型提問」的技巧，最後附有提高提問能力的 7 個小妙招。本書與一般理論層面上的書籍不同，此處將操作流程細化到每一個動作。相信讀者一定能夠通過閱讀本書，實實在在地提高提問的能力。

本書適合職場新人及想要提高提問能力的讀者參考。

## 本書使用小秘訣

▼

在每一個 Chapter 的末尾，都會為大家着重講解一種提問技巧，並附以簡單實踐法，期望透過圖像幫助大家學習提問法門。

# 登場人物

### ● Dr. Benjaman
**性別：男 年齡：55 歲**

速溶綜合研究所的研究員，專攻社會學。常年帶着助手到不同的地方去考察，喜歡在隨身攜帶的手帳上記錄各種細節。最近對於社會人的自我啟發也開始有了興趣，最喜歡的身體部分是鬍鬚。

### ● Kiko
**性別：女 年齡：25 歲**

Dr. Benjaman 的得力助手。由於曾經當過新聞記者，所以對於確認事實特別執着。認真，是 Kiko 最大的特點，所以她很多時說話比較直率，但是個內心非常淳樸善良的女子。

### ● Kelvin
**性別：男 年齡：23 歲**

剛加入公司一年的小職員，在大學裏沒有辦學會活動經驗，所以社交方面不是很擅長。遇到困難時愛獨自想像情景，不過最終還是會回到現實。雖然在工作上也容易糾結，但是同時也很喜歡動腦筋，遇到挫折總能找到戰勝的方法。

### ● Peter
**性別：男 年齡：28 歲**

在職六年，是 Kelvin 的前輩，也是林 Sir 的得力助手。平時性格開朗，樂於助人，經常會幫助公司其他同事。喜歡與大家分享自己的有效工作經驗，受大家喜愛。

### ● Wing
**性別：女 年齡：22 歲**

跟 Kelvin 同一年加入公司，座位在 Kelvin 的正後方。擅長 Excel 等辦公軟件，在這方面非常樂於幫助同事。由於重視團隊精神，部門成員在一起討論問題時，她經常充當積極發言的角色。

### ● 公司裏的同事：Tony・John・林 Sir

Kelvin 公司裏的上司和同事們，關係很和睦，經常一起討論問題、互相幫助。雖然他們各自的意見不同，但他們的意見成了 Kelvin 在危急時刻的強大後盾。

# 目錄

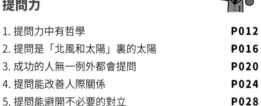

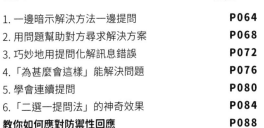

<sup>CHAPTER</sup>
**3**

# 解決問題型
### 提問

<sup>CHAPTER</sup>
**4**

# 引導、說服、提醒型
### 提問

# 目錄

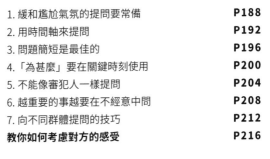

## CHAPTER 7

# 7 個小妙招
### 提高你的提問力

## CHAPTER 1

帶你認識
# 提問力

提問力是職場上很重要的能力。具

體而言，甚麼是提問力？提問力中

又包含了哪些元素？下面就讓我們

一起來認識一下提問力。

# 提問力
# 中有哲學

溝通是個傳遞意思及情感的過程,提問是溝通中最基礎的環節,對溝通效果的好壞起決定性作用。一個好的提問者,不會讓回答者摸不着頭腦,不知如何回答;相反,他能讓對方迅速而且準確地進入談話的主題,在提問者的指引下,將對話進行下去。

Kelvin 和 Tony 組隊踢足球,Tony 將球傳給 Kelvin,結果 Kelvin 沒接到。踢完球後,Tony 問 Kelvin:「我都用眼神告訴你球傳去哪個方向了,你為何失了球?」Kelvin 一臉委屈:「你那銷魂的眼神,明明是在告訴我你要往右傳,可是你卻往左傳,我如何能接住?」

很明顯 Kelvin 與 Tony 這次的溝通是失敗的,而我們生活中溝通的過程類似跟隊友踢球:發球——提問者提出問題,接球——回答者理解問題,傳球——回答者回答問題。**想要對方接到球,先要為對方傳出好球;要得到理想的答案,先要給回答者提出合理的問題。**

相信很多人都認為回答問題比提出問題更難，但為甚麼現實是提問比回答更難呢？

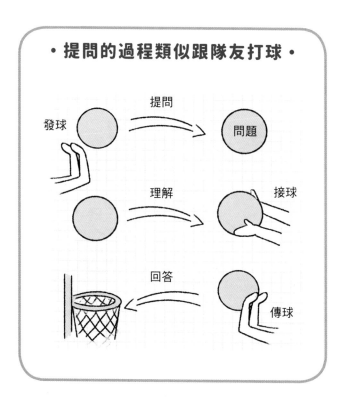

### ・提問的過程類似跟隊友打球・

要想擁有較強的提問能力，就必須遵循提問的哲學。

### 1. 讓對方接住球（提問）

在提問之前，你要確保對方能夠準確地理解你的問題。聽眾最容易理解的順序是從主要到次要，從抽象到具體。因

因為回答問題只是單向輸出就可以了，而提出問題卻要考慮對方的各種情況，是雙向運行的。

此在提問題的時候，最好順序說出問題，切忌想到哪兒說到哪兒，邏輯混亂。

## 2. 讓對方能夠傳球（理解）

溝通是雙方的事情，你必須考慮對方是否願意，以及是否有能力回答你的問題。只有涉及自己熟悉的領域，或者有話可說的話題，人們才有興趣談論下去。因此，提問的內容應盡量在對方有所涉及或熟悉的領域。

## 3. 讓對方傳個好球（回答）

提問的內容會對回答者的作答起到引導和限制作用，因此不要過於局限或過於寬泛，要讓對方在一定的範圍內暢所欲言。

人們普遍認為，回答問題要比提出問題更難。但實際上，回答問題是比較簡單的，是單向的過程，只需闡述自己的觀點即可。提問則是雙向的過程，不僅需要闡明問題，還要引導對話。**因此，優秀的提問者需要「雙系統運行」：一個系統整理自己的問題，突出中心，整理邏輯；另一個系統要考慮對方的經驗和意願，引導對話進行下去。**「雙系統運行」在開始的時候會比較困難，但嘗試的次數多了，便駕輕就熟了。

# 提問是「北風和太陽」裏的太陽

談到溝通的關鍵，多數人想到的是清晰的邏輯、高超的技巧，很少有人會關注提問者的**態度**。人是情感生物，如果不帶感情甚至以強硬態度提問，回答者在這段談話中就感受不到溫度，因而無法敞開心扉，表達自己真實的想法。

團隊最近接的項目太多，女生當男生用，男生當神仙用，大家都有點撐不住了。Tony 覺得必須招聘新成員，但是林 Sir 卻回絕了他。Tony 怒氣沖沖地質問林 Sir：「我們的工作量已經遠遠超過業內平均數字。項目那麼多，人手又那麼少，不招聘新人怎麼幹得完？」林 Sir 知道自己的決策有紕漏，想與 Tony 進一步探討，尋求最佳方案，可是 Tony 的質問猶如一陣強硬的北風，將林 Sir 談話的興致全部吹散。Tony 咄咄逼人，堅持認為需要招聘新人；林 Sir 自尊受損，始終不肯認錯。雙方不歡而散，問題被擱置。

**溝通的目的不是為了證明你錯我對，而是為了讓彼此說出真實的想法，最終解決問題。**但是人心不喜歡強硬的北風，風一吹，心門就關上了；只有在太陽的溫暖下，才能敞開心扉。

快來了解甚麼是提問力！

可能是我不太懂如何提問，每次問問題
都得不到理想的回答。要如何提問才能
獲得更好的效果呢？

## ・北風提問與太陽提問・

想做到坦誠相待，就要在提問的過程中得到對方的情感認
同。對提問者而言，最重要的是溫和的內心與溫和的方式。

### 1. 溫和的內心

優秀的提問者應該有足夠的包容能力。每個人的閱歷不
同，導致了觀點和想法的不同。面對差異，提問者要打從

要考慮對方的感受，以溫和的方式提出問題，這樣通常能夠獲得理想的效果。

心底接納對方。可以是提問者對回答者懷有尊敬之情、同情之心，或是對觀點的理解之感。提問過程中，最重要的是有一顆溫和的心，從心底裏和對方「站在同一條戰線」。

## 2. 溫和的方式

我們在心裏接納了對方，還需要用一些溫和的方式將認同感表達出來。常見的提問方式一是與同理心結合的提問，二是反射性提問。

與同理心結合的提問是你提出問題，對方回答問題，你表示認同或理解對方之後再繼續提問。反射性提問是前者的精進版本，通過對回答者某些語句的重複，來表達認同，鼓勵對方說下去。此方法經常起到四兩撥千斤的效果，一句話常常可以促使回答者對一些觀點進行更為深入和細緻的說明。

雖然人人都「會」提問，但深入坦誠的交談需要提問者像太陽一樣，以一種溫和的姿態引導回答者說出心之所想、情之所向。

# 成功的人無一例外都會提問

提問能力非常重要，但常常被人們忽略。

Kelvin 十分羨慕 Peter，僅僅工作了 3 年，就已經成為林 Sir 的得力助手，於是 Kelvin 便問 Peter 有沒有獨門秘技。Peter 說：「我只不過掌握了多數人都不在意的一項技能——提問。」Kelvin 吃驚地問道：「提問？」「是啊，有些人深諳提問的技巧，所以提的問題總是恰到好處，能夠達到他們提問的目的。**可是有些人，提了很多問題卻得不到想要的答案，或者提了一個問題卻製造了更多的問題。**你說，提問重不重要？」Kelvin 聽後半信半疑。Peter 拍拍 Kelvin 的肩膀說道：「要想獲取成功，提問能力是不可或缺的。想一想那些偉大的科學家，他們之所以有重要的發現，難道不是因為提出了好的問題？想一想每次團隊化險為夷，不都是因為林 Sir 問大家各種問題，引導大家分析情況，才得出解決方案的嗎？再想一想，如果你不問我，怎麼會知道我晉升之路的秘密武器呢？」

Kelvin 回想 Peter 說的話，越來越覺得提問是一件看起來容易做起來很難的事情。想要獲得成功，必須好好鍛煉提問能力。

快來了解甚麼是提問力！

Peter，你是如何做到這麼厲害的?

我的秘訣就是會提問啊!

提問是一種很常見的日常行為，每個人都會提問，這有甚麼好重視的呢？

## ・提問的重要性・

我們還有
D 選項

意識到思維盲點

將難題消滅在萌芽狀態

掐

避免更大的難題

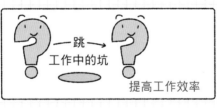

—跳→
工作中的坑

提高工作效率

### 1. 提問能：讓我們意識到自己思維的盲點

每個人的閱歷和價值觀不同，因此對不同問題和現象的解讀也就不同，如果堅持己見，容易掉進盲點。通過大膽地

提問是很常見的事情，但並不是每個人都能適當地提問。高超的提問力對工作和生活都是一種極大的助力。

詢問他人，我們可以促進觀點交流，得到更接近事實的結論。

## 2. 提問能：避免更大的難題出現

難題就像金錢，存起來會產生利息，是一種你絕對不會喜歡的利息——擱置難題會衍生更多、更大的難題。所以遇到難題不要逃避，要大膽地問出來，未雨綢繆的提問要比亡羊補牢的挽救效果好。

## 3. 提問能：提高工作效率

在工作中，少不免會遇到一些基本問題，如果你不問清楚，就永遠不會知道事情應該怎樣做。為了提高工作效率，不要覺得不好意思，應大膽地詢問前輩，取得經驗；也不要擔心自己的問題是不是太傻，不問的話只會越來越傻，可能還會鬧笑話。

**提問力是生活與工作中必備的技能，運用得宜可以開拓思維，整理思路，減少損失，提高效率。如果職場真有甚麼秘訣的話，提問能力就是其中的第一道。**

# 提問能改善
# 人際關係

根據他人的需要而提問，可以令對方敞開心扉、暢快交談，以此增進彼此的感情。

Wing 和 Kelvin 雖然同期入職，但是當 Wing 和周圍的人打成一片的時候，Kelvin 仍舊感覺置身事外。Wing 向他傳授訣竅：「要想快速地融入群體，最好的辦法就是恰如其分地提問。人們都愛聊自己喜歡或擅長的事情，Peter 喜歡健身，Tony 擅長繪畫，John 熱愛玩遊戲機，林 Sir 則鍾情電影。在和大家聊天的時候，我問 Peter 如何增肌減脂，問 Tony 圖畫怎樣構圖才會好看，問 John 電玩遊戲的攻略，請林 Sir 推介一些好看的電影。一般我提出這些問題，大家都興致勃勃，不厭其煩地和我聊。我只要專注耐心地聽大家講就可以了。」

Kelvin 沒想到 Wing 的訣竅這樣簡單，但還是決定按照 Wing 提的建議去嘗試一下。**他發現，根據他人的喜好提問，果然可以撬開對方的嘴，讓對話暢快地進行下去！**

快來了解甚麼是提問力！

Wing，為甚麼我們一起入職，你的人緣那麼好，我卻融入不了大家呢?

這其實很簡單，只要問對問題就可以了！

有時候很想用提問來緩解尷尬的氛圍，但經常是對方只簡單回答後又恢復了沉默，感覺比之前更尷尬了。要如何打開對方的話匣子呢？

## ・如何讓對方打開話匣子・

問對方擅長的事情

怎樣增肌減脂？

你有甚麼看法？　你覺得怎麼樣？

新聞

聆聽與認同

大多數人都喜歡被聆聽，所以，根據這種心理需求，我們可以讓對方多說話來增進感情。

從對方擅長的領域入手，提對方感興趣的問題，才能讓他參與對話。認真聆聽，讓對方願意分享。

### 1. 問對方擅長的事情

根據對方的「亮點」問相關的問題。例如問一位媽媽育兒心經，問贏了比賽的籃球員感想，問漂亮女生的打扮心得等。提出一個問題，然後把話語權交給對方，不僅能加深對他人的了解，而且還能獲得與對方增進情感的機會。

### 2. 問問「你有甚麼看法」

可以直接問對方對某個問題的看法。「你有甚麼看法」是一個強而有力的問題，它可以向對方傳遞一個重要的訊息：你想聽他說。這方法雖然看起來很老套，但卻萬試萬靈。

### 3. 會問還要會聽

人們都喜歡被聆聽，這樣能讓人感覺到被尊重和需要。不僅僅是用耳朵聆聽對方的聲音，更要用心聆聽對方的觀點和情緒。為了讓談話順暢地繼續下去，你要及時作出正面的反應——認同、讚許或理解。

**如果你擅長提問，那麼你只需向對方拋出一顆「提問的種子」，然後對方會為你種出一棵「回答的參天大樹」。**

# 提問能避開
# 不必要的對立

提出可以引起共鳴的問題，可以避免不必要的對立，從而緩和氣氛。

Kelvin 和 Wing 在剛剛入職時的前輩分別是 Peter 和 John，當時兩人因為升職問題很有「火花」，這也導致了 Kelvin 和 Wing 的關係有些微妙。Wing 覺得實在沒必要因為前輩的矛盾而影響晚輩的關係。「Kelvin，剛入職的我多少有些不適應，John 交給我的工作，我常常要熬夜才能完成，你能適應嗎？」Wing 拍拍 Kelvin 的肩膀問。Kelvin 搖搖頭，說：「唉，我也是不太適應，沒有一晚能十二時前睡覺的。」Wing 認真地看着 Kelvin，說：「Kelvin，我覺得我們每天都加班會熬壞身體的。」Kelvin 點點頭表示認同，說：「是啊，可是又能怎樣呢？」Wing 說：「Kelvin，你說是不是我們的時間管理有問題？如果我們時間管理得宜，會不會就能早點回家？」Kelvin 覺得 Wing 說的有道理，於是兩人針對時間管理這個問題展開了熱烈的討論，兩人的關係也火速升溫。

**有時提出了一個合適的問題，就能避免對立，解除尷尬。**

快來了解甚麼是提問力！

有時候莫名其妙就加入了爭論，這種情況非常影響與同事的關係，而且自己都不明白是怎麼開始的。要如何避免這種情況呢？

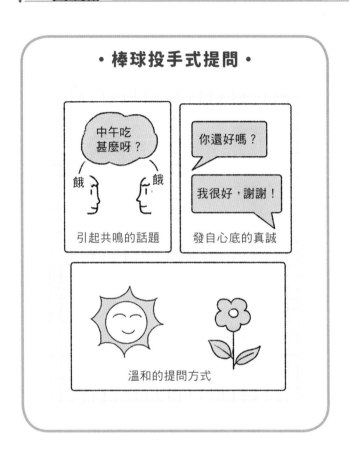

## · 棒球投手式提問 ·

中午吃甚麼呀？

餓　　餓

引起共鳴的話題

你還好嗎？

我很好，謝謝！

發自心底的真誠

溫和的提問方式

很多時候我們會因為其他人之間的「戰爭」，被迫與同事沒兩句。要想避免處於這種莫名其妙的對立境地，我們可以用一個合適的問題，帶領同事逃離「戰場」。

不要在對立的立場上發表言論。提一個能夠引起共鳴的問題，不僅可以避免引火燒身，而且還能緩解氣氛。

### 1. 可以引起共鳴的問題

關係緊張之際，提問時一定要非常謹慎，若稍有不慎，本來是「滅火隊員」，就可能轉變為「放火隊員」。怎樣的問題最安全？**可以引起共鳴的問題最安全。**這需要你細心觀察，想一想問哪些問題能夠讓對方產生一種惺惺相惜的感覺。

### 2. 重要的是你的心

人是一種非常敏感的動物，你對一個人的情感傾向，對方能非常精準地感覺出來。特別是在處於對立狀態時，人會更加警惕，這種敏感會進一步提升。因此，如果想讓對方跟你交談下去，**你要好好控制內心情感，從心底裏表現出友好和真誠。**

### 3. 注意提問的方式

在很多情況下，對話的內容不是根本，氛圍才是最重要的。**特別是在非常時期，營造良好的氛圍是取勝的關鍵。**因此，你要注意提問方式，最好在提問之前默默地演練一遍，做到語氣溫和、眼神真誠、措辭得當、尊重對方。

# 教你如何
# 恰當地提問

提問是一件看起來簡單，但難度系數非常高的事情，因此提前做好準備是非常有必要的。提問的準備主要有四部分，即問甚麼（What）、找誰問（Who）、怎麼問（How）、何時問（When）。

## 1. 問甚麼（What）

稍一不慎，你的嘴就會比腦子的動作快。很多人都是在談話過程中才慢慢意識到，原來是想「問這個」；更有甚者，待談話結束以後才意識到，自己想問的還沒有問。為了提高談話的效率，在提問之前要反覆問自己：**你到底要問甚麼？要圍繞核心思想設置問題，深入展開對話。**

## 2. 找誰問（Who）

不易回答的問題，就需要請教「成功的專家」。例如和另一半有了分歧，去找單身的人尋求愛情寶典，顯然是不合適的；你去找離婚的人尋求良策，得到的也很可能是一碗「毒雞湯」；最保險的辦法，就是去請教婚姻美滿的人。

**提問前要推敲一下：找誰問合適。**提問就像談戀愛，找到了合適的人才能得到好的結局；而問了不對的人，不僅問不出好的答案，而且可能造成雙方尷尬。

### 3. 怎麼問（How）

「問甚麼」是內容，而「怎麼問」（How）則涉及方式和態度。提問的方式、態度和內容構成了提問「鐵三角」。

### （1）方式

好問題要簡潔。人的注意力「前緊後鬆」，在對話中這一點特別明顯，人們會把更多的關注力集中在對話伊始。為了讓對方更留意你的問題核心，提問要簡潔。

### （2）態度

提問的態度對談話的效果能起到決定性的作用，可以說，態度是對話的基礎。提問之前要態度端正——提問是為了提升自己，因為儲起問題只會讓自己越來越「笨」，因此不要不好意思提出問題；提問的目的是為了交換訊息，因此不能持有偏見；提問是為了讓對方說話，因此提問不能變成質問，不能咄咄逼人，要留有餘地，讓對方有話可講。

**簡潔明瞭，態度真誠，不卑不亢，這才是提問的正確方式。**

## 4. 何時問（When）

問得早不如問得妙，這個「妙」就是時機之妙。人在放鬆的情況下才會放下本能的警惕，心平氣和地按照你的需求回答。因此，**在提問之前問一問自己，氛圍是否足夠寬鬆良好，對方是否心情舒暢、願意交談，現在提問會不會影響到對方的正常工作。**

提問是對話的關鍵，提前準備在提問這件事情上非常關鍵。問前想一想，效果翻一倍；貿然去問，則容易無果且尷尬。

一起來看看有甚麼實踐方法！

# [簡單實踐法]
## 教 你 如 何 恰 當 地 提 問

問甚麼？ ────────────

──────────── 找誰問？

怎樣問？ ────────────

──────────── 何時問？

❶在不知道如何提問的時候，不妨按照以上表格，
將自己的思緒整理清楚哦！

CHAPTER **2**

▶

獲 得 訊 息 型
# 提問

提出問題的目的當然是為了獲取答案。這一章讓我們一起來看看，有哪些「獲取訊息型提問」的方法。

# 引出負面訊息的
# 提問法

近似審判的提問方式在管理者中十分常見，但這會大大降低上下級的溝通效果。

客戶的日程計劃被延期，打來了投訴電話。Peter 神情冷峻，目光逼人地問 Kelvin：「知不知道這是我們最大的客戶？」Peter 的語氣不算強硬，但是 Kelvin 能明顯感覺到濃濃的火藥味，便低聲說：「知道。」Peter 的質問讓 Kelvin 感受到了巨大的壓力，原本還算清晰的頭腦在高壓之下一片混亂。林 Sir 恰好路過，說：「像審犯人一樣，能問出些甚麼？」他拍拍 Kelvin 的肩膀說：「Kelvin，這次客戶的日程計劃被拖延，是因為甚麼問題？你仔細地說一說。」Kelvin 在林 Sir 帶着些許鼓勵的提問下，將事情的經過說了一遍。然後三個人進行了積極的討論，找到了合適的解決方案。

事後林 Sir 找到 Peter 說：「像審犯人一樣質問下屬，不僅不利於解決問題，而且還會拉大雙方之間的距離，產生隔閡。」**想要問出負面的訊息，應不帶偏見和諷刺地詢問，而不是質問。**

問對問題，對方自會說出一切。

想要從他人口中得知負面的訊息通常比較困難，那麼如何才能順利問出負面訊息呢？

## ・溫和地獲得負面消息・

排除偏見

偏見

採用開放式提問

OP?EN

遇到難題時，只有提出恰當的提問，對方才能在第一時間反應過來。但是很多人在「變故」面前，常常化作 Peter 一樣的「審判官」，而不是林 Sir 一樣的「聆聽者」。只要掌握以下兩點，就可以輕鬆地讓對方說出負面訊息的來龍去脈。

通常在你想獲得負面訊息的時候，心裏已經帶有偏見了。所以，最重要的是不要帶着偏見去提問，要採用開放式的提問方式，給對方足夠的空間。

## 1. 排除偏見

溝通的最大問題在於，人們想當然地認為已經溝通了。Peter 之所以盤問 Kelvin，很重要的一點是 Peter 認為工作沒有完成是 Kelvin 的不負責任導致的，也就是說 Peter 在提問之前心裏已經有答案了，即使答案是錯的；他提問也僅僅是為了指責 Kelvin，而不是為了解決問題。

**沒有調查就沒有判斷的權力，在進行深入的溝通之前不要未審先判。**

## 2. 採用開放式的提問方式

Peter 在提問時採用的都是「封閉式」的提問方式，連續的封閉式提問會讓人有一種「被審問」的感覺，特別是「審問策略」被上級使用時，下級的壓迫感會更加強烈。林 Sir 採用的是「開放式」的提問方式，以「為甚麼」來鼓勵 Kelvin 說清楚事情的緣由。**遇到問題時，最需要的就是深入溝通，因此，要盡可能地選擇開放式的提問方式。**

盡可能地排除偏見，採用開放式的提問方式，最大限度地為對方提供回答的機會，就能溫和地引出負面訊息。

# 如何問出他人的苦衷

在提問時，營造安全的氛圍，表達同理心，才能讓他人說出難言之隱。

Kelvin 最近總是愁眉苦臉的。外出吃飯時，Peter 很隨意地說道：「我剛剛工作的時候是個小薯，甚麼也不會，還經常在上司面前說錯話。」Kelvin 很吃驚，沒想到如此能幹的 Peter 也有狼狽的時候，便問道：「怎麼會？」Peter 笑道：「怎麼不會？我曾被罵得很慘，自尊心受創。」Kelvin 深有感觸地點點頭：「是啊，剛入職場是不容易。」Peter 順勢問道：「聽你這語氣，好像也遇上了困難？」Kelvin 點點頭，不再強顏歡笑，坦言沒有時間看書，擔心這樣下去沒有競爭力。Peter 耐心地為 Kelvin 分析了時間不夠用的原因，並根據自己的經驗和 Kelvin 的實際情況，提出了很好的建議。

**很多時候，出於好意但直截了當地問他人的難言之隱，是問不出甚麼的。對方很可能有壓迫感，此時他們會掩飾好自己，三言兩語就把你打發掉。**

問對問題，對方自會說出一切。

我剛上班時甚麼也不懂，還得罪了上司。

真的嗎？怎麼會！

你要是有甚麼事，隨時可以說給我聽！

其實我是擔心自己的競爭力……

有時候我明明是關心他人，到最後反而被對方討厭，是我的方式不正確嗎？

## ・問出他人苦衷的策略・

安全的氛圍

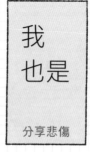

分享悲傷

不要強攻

想要問出他人的苦衷，還需要好的策略。

### 1. 安全的氛圍

開門見山地詢問在此時並不是一個好的策略。在對方還沒有完全放下戒備的時候問比較私密的事情，往往會引起對方的反感。因此你需要為對方營造一種安全的氛圍，可以像 Peter 一樣，先說一些看似無關緊要的事情以緩和氣氛，然後在對方不反感的情況下，慢慢向主題靠攏。

關心別人是非常講究技巧的，特別是難言之隱，需要有一個讓人感到安全的氛圍。如果對方實在不願意說，就應該尊重對方。

## 2.「我也很慘」

幸福需要分享，悲傷也是需要分享的，甚至後者對情感的升溫作用更勝一籌。當對方陷入負面情緒時，不妨試一試「比慘」這個策略。就像 Peter 一樣，講述一下自己的悲慘經歷，意在告訴對方：你看，你不是一個人，我比你更慘。你的這種同理心會讓對方感受到他是被理解和被同情的，這時你再引導對方說出苦衷自會水到渠成了。

## 3. 不要強攻

即使你做到了上面兩點，對方仍舊可能戒備心很重，此時就不要再追問對方了，用力過猛會適得其反。換個時間，重複上面兩個步驟再試試。

**關心他人也是一件需要技巧的事情。為對方營造一種安全的氛圍，讓其主動打開心扉，才能更好地聆聽對方的苦衷，從而安慰對方。**

# 通過提問讓對方
# 說出真實的想法

**面對不願直接表達想法的人，我們可以通過有技巧的提問，讓對方說出自己的真實想法。**

Kelvin、Tony 和 Wing 在閑聊時談到了最近完成的一個室內設計的方案。Tony 問 Kelvin：「Kelvin，你覺得我們的這個方案怎麼樣？」Kelvin 想了想，尷尬地說：「不錯。」旁邊的 Wing 看到 Kelvin 的表情，覺得 Kelvin 並沒有說出自己的真正想法，於是換了一個提問方式：「Kelvin，那你覺得我們的方案哪裏最好？」Kelvin 回答說：「預算部分很精細。」Wing 又問：「那你的意思是除了預算部分，其他地方還有提升的空間？」Kelvin 回答說：「我覺得供水系統的設計有些不足，還可以再提升一下。」Wing 繼續追問：「是過於追求新穎還是費用太高？」Kelvin 摸摸頭回答道：「其實，我就是覺得供水系統不大符合實際需要。」

Wing 和 Tony 聽完後反思了一下，覺得確實是他們光顧着想要給顧客一個新穎的設計，卻忽略了實際的供排水系統原本應該發揮的作用。

問對問題，對方自會說出一切。

有想法才能進步，但感覺很多人並不願意說出自己的真實想法。要怎麼做才能引導別人說出真實的想法呢？

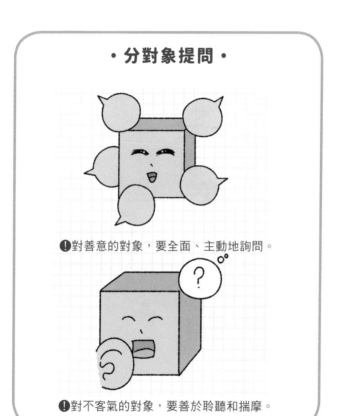

## ·分對象提問·

❗對善意的對象，要全面、主動地詢問。

❗對不客氣的對象，要善於聆聽和揣摩。

當我們期望通過提問從對方的答案中獲取想法的時候，會有兩種情況：一種是善意的對象，另一種是不太客氣的對象。針對這兩類人，我們要分類處理。

人與人的性格都是不一樣的，遇到不太樂意說的對象時，我們要善於從他的回答中聽出他的意思，再循得到的訊息追問。

## 1. 對善意的對象，要主動、全面地諮詢意見

如果對方樂意如實、詳細地對你講述自己的想法，那麼我們就要把握好機會，既要主動，又要全面，還要態度誠懇。首先，對方拋出善意，你就要主動接住，針對自己想問的問題主動提問，不要採用迂迴切入的方式，可以直接以事論事，問你想問的核心問題。其次，考慮問題的全面性。在提問了核心問題後，圍繞核心問題的周邊問題，向對方提問徵詢意見，完善自己需要的訊息。最後，無論是提問核心問題還是周邊問題，都要採取誠懇友善的態度。

## 2. 對不客氣的對象，要善於聆聽

當然，並非每一個「對手」都會主動地告訴你其真實想法和意見。一旦遇到不客氣或者不言明的對手，我們就要善於聆聽。問還是要問，但對方不一定如實回答，所以我們要從對方非正面的回答中歸納出大概框架，去揣摩那些側面回答中隱藏的意思，從而獲取對自己有利的訊息，把問題明確化。

**期望得到對方的真實意見，一定要懂得通過對方最初始的回應，來判斷對方屬於哪一類型的「對手」，然後針對不同類型，採取不同的提問方式，最後獲得對方的真實想法。**

# 用問題挖掘出
# 對方真正的需求

在工作中，滿足對方的需求，是讓對方信賴你並與你合作的基礎。很多時候，對方的需求往往不會白紙黑字地列出來。因此，我們需要通過提問去探尋、總結對方的真正需求。

Wing 的公司的售後服務部接到客戶的投訴電話，公司安排 Wing 負責跟進此事。Wing 詢問客戶：「您好，很抱歉此次的服務給您帶來不好的體驗，請問您此次不滿意哪方面的服務或產品？」客戶回答說：「服務質量太差了。」這顯然不是一個明確的答案，因為服務質量涵蓋了整個產品和服務的各個環節。因此，Wing 繼續問：「請問您指的具體是哪方面？是產品還是服務態度不如意呢？」客戶說：「服務態度。」Wing 接着問：「那您覺得我們的服務態度，在哪些方面需要改進？」客戶回答：「起碼在發現了問題後，不能帶我遊花園吧。」

**Wing 通過不斷縮小提問範圍，成功問出了客戶的真正需求。**從中得知客戶不滿意的是服務周期，而真正的需求就是公司能在接到求助後及時解決問題。

問對問題，對方自會說出一切。

你們的服務質量太差了！

投訴

請問您指的具體是哪方面？是產品還是服務態度不如意呢？

知道對方的需求，才能提供更好的服務。遇到客戶不滿意，但是又沒有說明不滿意哪些地方時，我們應該怎麼做呢？

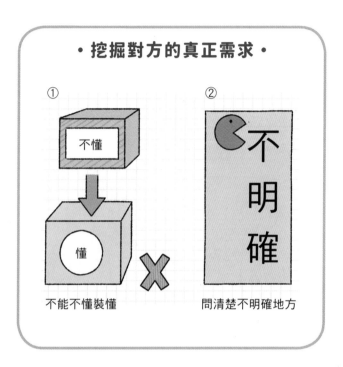

## ・挖掘對方的真正需求・

① 不懂 → 懂 ✗
不能不懂裝懂

② 不明確
問清楚不明確地方

想挖掘出客戶的真正需求，往往要花心思圍繞主題不斷全面地提問，從而慢慢走近客戶需求的核心環節。

### 1. 不能不懂裝懂

想要了解客戶的真實需求，首先不要抱着能猜中客戶需求的僥倖心理。很多時候，對於客戶說的話，我們根據自己

不要用自己的理解去揣測對方的想法。
用由淺入深的問題去幫助對方一步步梳
理出真正的需求。

的實際情況或個人理解得出的結論往往是錯的。**最有效、最直接的方法是通過由淺入深、由外至內的提問**，就如 Wing 那樣，不斷縮小選擇範圍，從而讓客戶明確說出自己的真正需求。

## 2. 有不明確的地方，無論如何要問清楚

當然，我肯問，你肯答，這是最理想的狀態。然而，這種狀態出現的機率絕非百分之百。很多時候，我們問了，但對方可能一直在繞圈子。面對這種情況，既然不能一擊即中，就要給對方拋出選擇性問題，自己在設定問題的時候兼顧不同方面的內容，不斷縮窄對方的可選擇範圍。**簡單地說，就是用剔除法提問，用問題去剔除自己不確定的地方。**

提問的本質與普通的日常交流或者寒暄不同，問題本身是我們獲取預期訊息的工具，因此，當我們期望明確客戶的需求時，一定要用好這個工具，切不可問了一半、問了一點就打住。遇到不明確的地方，一定要用提問來確認這些模棱兩可的地方，不能單純依靠自己的猜測將不完整的訊息「補全」。否則，之前的提問就會起不到作用，甚至起到反作用。

# 提問前看清對方的聚焦點在哪個層面

**為甚麼生活中會出現「牛頭不搭馬嘴」的情況？關鍵是雙方對話的着意點不在同一個層面上。**

我們除了要關注自己想問的問題外，還要關注對方的關注點停留在甚麼層面。

Wing 想辭職去深造，林 Sir 問他：「你為甚麼想讀碩士？」Wing 回答說：「我覺得深造會是一條好的出路。」林 Sir 繼續問：「為甚麼深造會是一條好的出路？」Wing 說：「因為我目前的銷售能力不強，我本科不是學銷售的，希望提升這方面的能力，所以想讀這個方向的研究生。」林 Sir 笑了笑說：「那我是不是能理解為，你最迫切想要的是提升銷售能力，而不是考取學歷？」

林 Sir 的話讓 Wing 茅塞頓開。

問對問題，對方自會說出一切。

林 Sir，我想辭職去深造。我的銷售能力太弱，想在這方面加強一下。

為甚麼呢？其實你是想提高能力，而不是想要學歷，對吧？

有時候我很熱烈地回應別人的話題，得到的卻是沉默。別人覺得我的回答是「牛頭不搭馬嘴」，我該怎麼辦？

## ・棒球投手式提問・

看清對方的着眼點

用提問確認層面

判斷該問或不該問

### 1. 要看清對方的着眼點

每個人在交談中都會有自己的着眼點。而且，基於溝通的藝術，人們每次開口也並非一定要明確顯示出自己的意圖。正如我們在引入真正要問的問題之前，經常有些熱身的問題一樣。因此，我們不要在不明確對方關注的核心的前提下，過快地表露自己的態度。**最保險的做法是，要基於附和的態度去表態。**

同一個問題也會有很多落腳點,如果你跟對方的點不在一個層面上,就會出現「牛頭不搭馬嘴」的情況,所以首先要看清對方的聚焦點。

## 2. 不斷用提問去確認對方的着眼點

不要簡單停留在對方所說的說話本身,而要通過對方透露的訊息,憑自己的觀察與估測,利用幾個問題去明確對方的真正聚焦點。我們在日常交談中亦會經常用到這種方式:當對方提出一個難題,卻沒有完整表露自己的觀點的時候,我們就要用剔除法來明確對方真正的聚焦點。

## 3. 判斷甚麼該問、甚麼不該問,這很重要

問對問題,對交談的效果可以說是事半功倍;相反,問錯了問題,整個交談很可能就會變得迂迴曲折,甚至直接失敗。我們之所以先了解對方的聚焦點再提問,是因為我們要明確甚麼問題適合問,甚麼問題不該問。針對對話的聚焦點展開有針對性的提問,或圍繞聚焦點的周邊,作循序漸進式的提問,能幫助你取得預期效果;相反,如果不能抓住對方的聚焦點,那麼不僅無助於你達到提問的根本目的,更有可能讓對方抗拒對話。

**所以,在提問前我們要試着先仔細聆聽,不要急於表態,要利用問題探索對方,摸索出對方的聚焦點,再有針對性地提問。**

# 教你如何
# 根據假設來提問

在工作中，我們不可能永遠得到百分之百肯定的結果，因此，我們需要以假設為基礎，在事前作資料搜集。

## 1. 對方能夠以怎樣的方式和自己合作？

**我們想根據自己的假設來提問，事前就要多就對方的主客觀因素摸底，先假設對方可能以甚麼方式和自己合作。** 假設對方的合作方式，其實是對對方的態度和傾向有個大概了解，然後再根據這些傾向性，為對方設計兩至三種合作方式，這相當於給自己接下來的提問設定了必要的大綱。

## 2. 要根據假設，將已經公開的訊息收集起來

不打無準備之仗。撇除個人主觀意願之外，每個人都會有自己的實際遭遇及客觀條件，因此，我們要善於分析對方的客觀情況。**要將已經公開的訊息收集起來，尤其要理順一些對對方來說不可抗力的因素。** 這樣做的好處有兩個，其一是能更好地立足對方的境況，讓提問更具針對性地切中對方的需求和境遇；其二，能更好地掌握交談中的話語權。我們需要將對方口頭上的「主觀」因素，轉變為客觀因素，才能保住話語權，不會被對方牽着鼻子走。

## 3. 根據收集到的情報，審視自己的假設

如果你收集到的訊息足以支撐你的假設，那麼就可以根據預期目標，結合實際訊息制定下一步提問方案。但如果所

假設

收集到的訊息並不足以支撐自己的假設，甚至和假設出現相悖的情況，**這時候我們就要以已收集到的訊息為依據進行審視和修訂，甚至重新設定自己的假設**，然後再根據新的假設點，搜集相關訊息。

### 4. 緊緊圍繞自身的假設，制定有技巧的提問方案

上面三步所提及的鋪墊，都是為接下來的面對面談話做準備的，因此在制定提問方案的時候，我們要牢記並緊緊圍繞之前的假設性問題設定而展開。

根據先前收集到的訊息來設定問題的分量以及具體內容。同時善用提問技巧，通過提問，一步一步地引導對方走向自己設定好的回答框架中。

### （1）開場白要圓潤

作為開場白的提問一定要圓潤，不能一開始就暴露目的，這樣很容易讓對方產生防備心理，不利於後續提問的開展。

### （2）過程中要有的放矢

假設性提問中，少不了要準備幾個用以「混淆視聽」的輔助性問題，因此，提問要有的放矢，有所側重，要分清輔助性問題和主要問題的比重。

### (3) 必須命中假設的主題

想成功地根據自己的假設提問，一兩次來回很可能無法直接讓你得到滿意的答案，因此，在準備假設性提問的時候，準備二至四個圍繞假設主題的提問顯得尤為重要。

正所謂「不打無把握之仗」，想要按照自身的假設來提問，**我們首先要緊扣自己的假設，做好完整的已有訊息的收集和整合，並以此為基礎制定完整的提問方案**。這樣，根據假設來提問才能水到渠成。

一起來看看有甚麼實踐方法！

# [簡單實踐法]

## 教你如何根據假設來提問

- 為對方設計合作方式

---

- 收集訊息

---

- 審視假設

---

- 制定提問方案

---

❶不打無準備之仗。在提問前，根據以上步驟來設計一套有針對性的提問方案，會大大增加你提問的成功率。

CHAPTER **3**

解決問題型
# 提問

提問，即提出問題。但你有沒有想過，提問也能夠用來解決問題呢。是不是覺得不可思議？接下來我們就來具體看看如何利用提問來解決問題。

# 一邊暗示解決方法
# 一邊提問

在提問的時候，我們需要注意一點，那就是：**提問，不單是向對方獲取訊息，還可以將你想表達的訊息傳遞給對方。**

Peter 最近在跟進某項國際業務，但客戶一直遲遲未簽約。林 Sir 非常關心，他知道 Peter 是因為不熟悉西方商務文化所致，但直說怕打擊 Peter 的自信。於是林 Sir 問了一個很巧妙的問題來暗示 Peter。林 Sir 問 Peter：「你說，不同國家的企業，會不會有不同的處事風格？你有沒有想過了解人家的企業文化，再用他們的方式來試試？」Peter 經過林 Sir 的提醒，意識到文化差異在這項工作中的重要性，就立刻開始研究對方的商務文化。

**在提問的同時，將解決辦法隱藏在問題中送給對方，有時候是非常有效的方式。** 特別是當對方的自尊心比較強，或者對方是你的上司或長輩的時候。用提問的方式暗示解決辦法，能夠在顧全對方面子的情況下解決問題。

提問也可解決問題呢！

有時候很想提出建議，但又擔心直接說會令對方反感，這個時候應該怎麼辦呢？

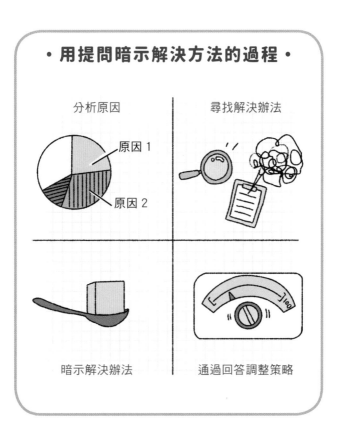

## ·用提問暗示解決方法的過程·

分析原因

原因 1

原因 2

尋找解決辦法

暗示解決辦法

通過回答調整策略

### 1. 當對方感到不滿時，分析對方不滿的原因

如果在交談中暫時達不到預期效果，那麼我們就應該分析對方不滿意的地方在哪裏，然後作出針對性調整。

可以把建議暗藏在問題中，以提問的形式告訴對方，從而引起對方的思考。這樣就能很大程度地避免對方產生反感情緒。

## 2. 找到關鍵點，要積極尋求解決方法

在找到關鍵點之後，我們要立刻尋求解決的辦法。這時候，如果對方自尊心很強，你一味單方面說出自己的解決方案，便很可能達到相反的效果。這時候，我們就要採用下面的方法——用提問來暗示解決問題的方法。

## 3. 用提問去暗示對方解決的方法

我們可以將解決方法放置到提問中，暗示對方解決方法。例如採用「你覺得這樣做可以嗎？」、「×××曾經這樣去處理，你怎麼看？」這樣，既不會過於主觀，又能達到暗示對方的效果。

## 4. 通過觀察對方的回答和反應，調整提問策略

在提問時，要善於根據對方的回答調整你的提問方法。對方的回應，往往反映出對方就你的解決方法所持的態度。因此，要根據對方的回答，揣摩對方的想法，並以此為基礎調整自己的提問方法。

總括而言，有些時候，如果我們想把自己的建議或者解決方法告訴對方，**利用提問的方式來暗示對方，會比直接告訴對方更加奏效。**

# 用問題幫助對方
# 尋求解決方案

當對方有需求，而不知具體應該如何解決的時候，我們可以用兩種問題來幫助對方尋求解決辦法。**一種是反問題，讓對方正視自身問題；另一種是選擇題，利用提問為對方列出選項，從對方回答中理清真實需要。**

客戶黃先生來到汽車銷售中心來買車，可是看來看去，就是決定不了。銷售員 Sue 便問：「請問先生，您想買車，主要是家用還是商用？」黃先生回答說：「我就自己用。」Sue 知道對方的答案範圍過大，於是他追問：「那，您喜歡省油的，還是想要馬力大一些的呢？」黃先生回答說：「省油的。」Sue 得到了有效的訊息，接著問預算：「那您預算是買經濟一點的？還是希望買最新、規格最高的型號？」黃先生說：「買最新的吧，免得以後麻煩。」就這樣，Sue 通過提問，了解到客戶的需求，為黃先生挑選了滿意的一款車。

**當對方並未作出明確選擇或表態的時候，我們可以透過適當的提問，使對方清晰表達自己的需求，才能有效幫助對方尋求解決方案。**

當事人自己也無法明確自身需求的時候，作為需要提供解決方案的一方，該如何幫助客戶明確需求呢？

## ・如何利用提問幫助對方尋找答案・

1 從回答中找問題

2 羅列問題

3 利用提問找出根本原因

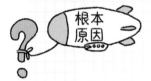

4 由淺入深解決問題

### 1. 善於從對方的回答中找出問題

如果對方並不清楚自己的需要，那麼我們可以為對方準備一系列的選擇題，把我們假設的選項放到問題中，再根據對方的回答找到問題的關鍵點。

我們可以從對方的基本回答中找到問題，再依次把問題羅列出來，向對方徵詢是否正確，從而明確對方的根本需求。

## 2. 將問題羅列出來，並徵詢對方自己的總結是否正確

當我們已經完成了前期調查，大概了解對方的問題所在之後，我們可以將得到的訊息整合，再就自己羅列的問題徵求對方意見。

## 3. 利用系列提問，幫助對方找出導致問題的根本原因

要想找出根本原因，就需要我們從對方的系列回答中提煉出有價值的訊息，並將其整理。如果這些訊息都指向同樣的因素，那麼我們可以重點分析這個因素對對方的影響力，從而確定這是否導致問題出現的根本原因。

## 4. 針對抽象問題提出細化解決方案

在最後這個環節，我們可以採用循序漸進的方式。先以根本原因的表象入手，逐漸進入問題的核心。這樣由淺入深地把根本問題具象之後，就能為對方尋到解決方案。

**利用提問幫助對方尋求解決方案，要抓住兩個關鍵點，一個是利用問題找到對方問題的核心。第二個是要循序漸進地圍繞問題，以有效的提問方式為對方提供步驟明確的解決方案。**

# 巧妙地用提問化解
# 訊息錯誤

訊息錯誤，是日常交談中經常出現的情況，雙方得到的資訊不一樣，但是，**訊息一致是溝通成功的重要基礎**。因此，這個時候我們可以利用提問來化解訊息錯誤的情況。

Wing 要協助 Kelvin 籌備晚宴，可是 Wing 並不清楚 Kelvin 目前的想法。於是，她便問 Kelvin：「Kelvin，這次晚宴我們有多少個表演節目啊？」Kelvin 回答說：「7個，每人表演一個，Tony 和 Peter 再合唱一曲。」具體的答案能夠補充 Wing 對晚宴的理解。同時，在聽到 Tony 和 Peter 合唱這個訊息之後，Wing 亦同時整合手上的消息，以提問方式提醒 Kelvin：「只有 Peter 和 Tony 準備合唱嗎？林 Sir 和 John 好像也經常一起彈結他，他們不一起表演嗎？」Kelvin 得到這個訊息，便馬上去找林 Sir 和 John 了。

**提問，是我們直接化解訊息錯誤的有效方法**，同時還能起到傳遞訊息的作用。

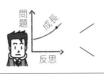

提問也可解決問題呢！

當需要共事的雙方手中的訊息不同時，事情無法順利進行，因為雙方不在一個頻率上，這個時候該怎麼辦呢？

## ·如何利用提問化解訊息錯誤·

1 以簡單問題開場

First

1+1=?

2 交換訊息

3 總結有誤的訊息

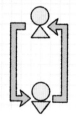

### 1. 以簡單問題開場，了解對方掌握訊息的程度

在我們並不確定手上的訊息量掌握程度，也不確定對方掌握了多少訊息的前提下，最好的做法就是先拋出一個大範

我們可以利用提問來化解訊息有差異的局面，同時還能起到傳遞有效訊息的作用，促進訊息的流通。

圍的問題，了解一下對方掌握訊息的程度。

## 2. 從對方的回答中，總結出雙方的訊息差異

只有總結出雙方對訊息掌握的差異，才能夠對症下藥解決問題。根據對方的回答，比較自己手中的訊息，歸納出雙方訊息有誤的主要差異。

## 3. 用提問尋求對方的確認和解釋，同時注意訊息交換

如果對方手中有一些自己沒有的有效訊息，那麼就要針對這個訊息，向對方提問，利用提問來尋求對方的解釋或確認。同時，在交談中，我們還要兼顧訊息的交換。當我們確定對方在某些方面的訊息不足時，就可以把對方需要知道的訊息傳遞給對方，從而解決訊息有誤的問題。

理清訊息有誤的程度，以及相應地採取不同的提問，以補足雙方的訊息量，這對於我們的日常溝通非常有效。大家也可以通過以上方法多嘗試和練習。

# 「為甚麼會這樣」能解決問題

在研究提問技巧的同時，我們不能忘記「問題」的最基礎意義，那就是搞清楚「為甚麼」。**「為甚麼會這樣？」可以說是提出一個問題的最簡單方式，同時也是最有效、最常用的一個方式。**

Kelvin 並不擅長運用 Excel 這種辦公軟件，但 Wing 卻很精通。之前，Wing 曾教過 Kelvin 一套使用 Excel 的技巧。但這次，Kelvin 按照 Wing 的方法卻不成功，Kelvin 於是直接問 Wing：「上次你教我的運算公式，我試了好多次都不成功，為甚麼會這樣？」Kelvin 描述了自己遇到的問題，並直接用「為甚麼」問 Wing 原因以及解決的方法。Wing 了解了一下，說：「上次教你的公式，用在這裏不太適合。」Kelvin 繼續追問該怎麼辦。於是，Wing 便告訴了 Kelvin 解決問題的方法。

Kelvin 的問題非常簡單，卻十分有效解決手上的問題，讓人在回答時不僅給出了出現問題的原因，還給出了解決方案，雙方直截了當，從而幫助 Kelvin 迅速解決問題。

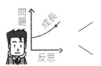

提問也可解決問題呢！

上次 Wing 明明是這樣教我的，這次卻不行了……

我按你上次教我的方法操作，卻一直失敗，為甚麼會這樣呢？

上次那個方法不適用這個情況，這個要……

圖解提問力

解決問題型提問

CHAPTER 3

如果在不懂的時候直接問「為甚麼？」會顯得自己很傻嗎？

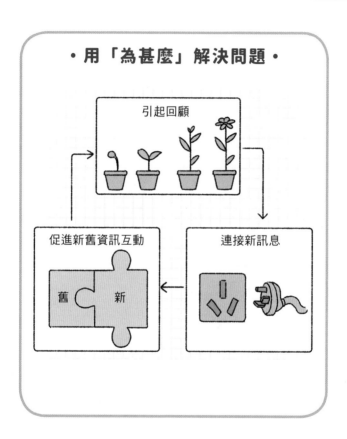

**• 用「為甚麼」解決問題 •**

引起回顧

促進新舊資訊互動

舊　新

連接新訊息

### 1. 善用「為甚麼」可以引起回顧

在涉及知識層面的交談中，善用「為甚麼會這樣」更容易引起對方回顧舊知識和經驗。很多時候，我們都會就已有

提問的技巧有很多，但提問的基本方式就是「為甚麼」。這樣的提問方式看上去很簡單，但同時也是最直接、有效的。

的知識擬定解決問題的方案，但事件的發展是動態的，我們的已有知識可能無法滿足需要。在這個時候，我們善用「為甚麼會這樣」，能喚起自身以及對方對這個舊有知識或觀念的反思。

## 2. 通過提問來連接新的訊息

當我們確定已有的知識和訊息，無法幫助我們找到有效的解決辦法時，不妨直接問「為甚麼」和「怎麼辦」，這樣簡單直接地獲得答案，可以為我們節約不少時間。讓新知識和既有知識產生連接，從而碰撞出新的線索。

## 3. 用提問來促進既得訊息和新訊息的互動

如果缺乏必要的銜接性提問，新的訊息不會自動和舊的訊息互動互通。所以在獲得新訊息的同時，我們亦不能全盤否定舊有的訊息。在這個時候，我們需要以合適的提問，得出兩種訊息之間的銜接點。相互補充，幫助我們完善訊息，找到更佳的解決方法。

**善用「為甚麼」，能夠最直接有效地補充既得訊息的不足，掌握新的訊息，並且有助於我們將新舊訊息銜接起來，這是透過提問獲得解決方法的最直接途徑。**

# 學會連續提問

因為事件本身並非獨立存在的，所以當我們提問時，一定要從不同的層面去考慮事件的完整性。**我們不可能以一個問題得到所有答案，因此我們需要設計一系列問題。**

林 Sir 和 Kelvin 就如何提升公司經濟效益組織了一次會議。Kelvin 拋出一個解決方案——縮減經費。林 Sir 問 Kelvin：「可是縮減經費，需要壓縮人員費用，會不會影響同事的工作士氣？」Kelvin 發現自己忽略了這個問題。林 Sir 繼續問：「如果影響了同事工作事氣，做事消極，導致效率低下，會不會又為公司增加了經費呢？」

Kelvin 明白了，最好的方法是適當地壓縮人員開支，但同時要為銷售業績制定一個合適的獎勵方案，例如可觀的分成和待遇。這樣，既達到公司縮減經費的目的，又提高了大家的工作效率和熱情，避免因為縮減經費而使大家消極怠工。

經常有這種情況，提出一個問題的同時又引出了許多其他問題，所以究竟應該如何提問才能避免這種情況呢？

## · 如何連續提問 ·

1. 明確核心問題

2. 羅列周邊問題

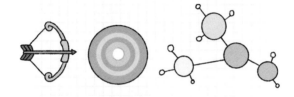

3. 全面的系列問題

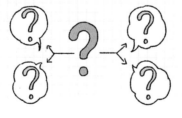

### 1. 明確自己最終要解決的問題是甚麼

在尋求解決方法的過程中，我們會發現，大部分問題並非單獨存在，而是之間有關聯的。例如，你解決了問題 A，不一定能解決根本問題，但不解決問題 A 就一定不能解決

這時候可以提出系列問題。因為事件本身並非獨立存在的，所以當我們提問時，一定要從不同的層面去考慮事件的完整性。

根本問題。而且，問題 A 周邊存在的問題可能還有 B 和 C。因此，在連續提問之前，我們要想清楚，最終需要解決的問題到底是甚麼。

## 2. 在解決核心問題前，羅列出周邊問題

一旦我們確定了根本問題是 D，那麼，在針對性地解決問題 D 之前，我們要由淺入深，將其周邊問題 ABC 都羅列出來。為解決核心問題掃除障礙，避免不必要的新問題出現。

## 3. 有系統地思考，設置全面的系列問題

將問題 D 看成核心，那麼針對由此引伸出來的問題 ABC，如何逐一解決呢？這時需要系統性地思考，因為問題 A 並非獨立存在的，既然它的解決會影響到問題 D 的解決，那麼在提問的時候，我們就要尋找問題 A 和問題 D 的主要關聯。**因此，一定要將整個連續提問看成一個整體，一個個小問題要環環緊扣並逐步深入。**

學會連續提問，關鍵是結合整體和局部來看問題。將我們需要解決的問題看成一個局部，聯繫周邊的問題看成一個整體，再逐個提出有效問題。這樣，在小問題逐一解決的同時，就能進一步解決根本問題了。

# 「二選一提問法」
# 的神奇效果

當回答者不能對你提出的問題給予確定的答覆時,我們可以採用「二選一提問法」。**在問題中給對方非此則彼的兩個選項,既尊重了對方的選擇權,又可以暗中促進對方做出選擇,助你獲得有效訊息,推動事情發展。**

Kelvin 需要約見一位客戶,但始終無法敲定具體的見面時間。Peter 見 Kelvin 愁眉不展,於是便幫助 Kelvin 打電話聯絡客戶,採用的是二選一提問法。Peter:「劉先生你好,為了跟進項目進度,我想我們需要見一面,您是想盡快見面還是過兩三天?」Peter 給了劉先生兩個選擇,劉先生回答說:「既然都要見面,不如就早點吧。」了解客戶的大概意向之後,Peter 追問:「那劉先生您是想今天見面,還是明天見面呢?」Peter 這還是二選一的提問法。很快客戶就敲定了明天下午見面。

Peter 以前也經常單純地問客戶「甚麼時候見面會比較方便?」,可是得到的回覆往往是「再約時間吧」。於是,他慢慢學會了,不給客戶出簡答題,而是出選擇題。

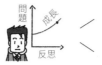

提問也可解決問題呢！

並不是每次問的問題都可以得到答覆，
如果對方也不知道該如何回答的時候，
有沒有方法可以引導對方說出答案？

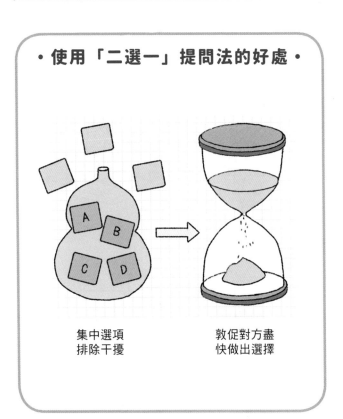

### ・使用「二選一」提問法的好處・

集中選項
排除干擾

敦促對方盡
快做出選擇

如果我們將提問範圍定得太寬，往往得到的答案就越模糊。因此，當我們需要得到明確訊息時，可以採用「二選一提問法」。

當對方沒辦法給出確定的答覆時，我們可以採用「二選一」的提問方式。這樣既能排除干擾，又能敦促對方盡快作答。

## 1. 集中選項，排除干擾

與選擇題相比，簡答題的範圍很寬，大家很容易因為考慮得太多而決定不到。如果我們問開放式的問題，對方或會根據我們的提問做出多種回答，訊息可以十分混雜，往往不便於我們直接獲取有效訊息。相反，如果我們採取「二選一提問法」，就能將選項集中起來，只羅列出兩個我們覺得可行或必須的選項，供對方選擇。這樣，回答者直接排除其他干擾，從我們給的兩個選項中選擇。

## 2. 敦促對方盡快做出選擇

「二選一提問法」看似有點咄咄逼人，但其實這是一種敦促對方做出選擇，盡快給出明確答覆的有效方式。對於那些優柔寡斷、患有一定程度「選擇困難症」的回答者而言，無形中能為雙方節約很多時間。

在採用「二選一提問法」的時候，注意做好「集中選項」這一點。**因為只有在提問前有效地集中對方真正能選擇的選項中，才能避免你所羅列的選項不在對方的選擇範圍，對方才能成功作出選擇。**

# 教你如何應對防禦性回應

每個人都會有自己的防禦機制，尤其是面對意圖非常明確的提問時。因此，當對方在回答時架起了防衛心，選擇防禦性回答時，我們切不可在這個時候步步緊逼。需要善用技巧旁敲側擊、層層引導，先逐步降低對方的防禦性，然後再以一種較溫和的方式提問。

## 1. 先肯定對方的態度

人的防禦性是有條件的，如果交談過程讓對方產生了保衛性防禦，那麼我們可以先肯定對方的態度。用積極的言辭向對方表達謝意，感謝對方願意參與和回答我們的提問，**讓對方感受到我們的徵詢是積極誠懇的。**

## 2. 嘗試多種提問方式

### (1)「軟硬兼施」式

如果對方的答案你必須要知道，而對方基於自身的防禦性回答，難以立刻直接告知你答案，那麼我們可以首先嘗試「軟硬兼施」的方式，圍繞問題，換不同的方式和態度，多次嘗試，看看對方是否能軟化鬆口，透露答案。例如，同一個問題，你換了兩種方式，問了兩次，接下來可以適當切換問題，問一個對方樂於回答，感興趣的話題，**務必先留住對方繼續談話的欲望，同時降低對方的不耐煩度。**

## (2)「迂迴曲折」式

如果就同樣一個問題,「軟硬兼施」還是得不到答案,那麼我們就可以試試「迂迴曲折」的提問方式。不要直接將你要問的問題陳列出來,**而是將其打散,分成幾個周邊的相關問題**。例如你想問的是問題 A,那麼你就不要直接問 A,而是將 A 衍生出 B、C、D,分層次地問對方。如果對方能夠將問題 B、C、D 都回答了,那麼你再根據對方的回答整理和歸納出問題 A 的答案。

## (3)並列排除式

除了「軟硬兼施」式提問和「迂迴曲折」式提問,我們還可以試試並列排除式提問。如果回答者刻意迴避問題 A 的答案,**我們可以將自己對問題 A 答案的揣摩,羅列成幾個並列的選項,然後就每個不同的選項,向對方發問。**

### 3. 先回答自己提出的問題,讓對方放下防備

人們之所以採取防禦性回答,是因為害怕讓對方知道問題的答案,或者害怕對方透過這個答案揣摩出關於自己的一些實際情況。因此,如果就同一個問題,同一個境遇,發問者先回答自己的問題,**先告知自己的訊息更容易讓回答者產生信賴與共鳴**,拉近彼此距離,降低對方的防禦性指

數。當對方放下防禦之後再慢慢引導對方回答問題。

總括而言，在對方採取防禦性回答的時候，即使對方並未表態，我們亦要採用積極的言辭來肯定對方，為接下來的對話埋下伏筆。然後要善於採用多種提問形式，嘗試用不同的方式攻破對方的防禦性堡壘。**最後，用「自訴家門」的方式，先回答自己的提問，讓對方降低防備，從而應對防禦性回應，得到有效訊息。**

# [簡單實踐法]

## 教你如何應對防禦性回應

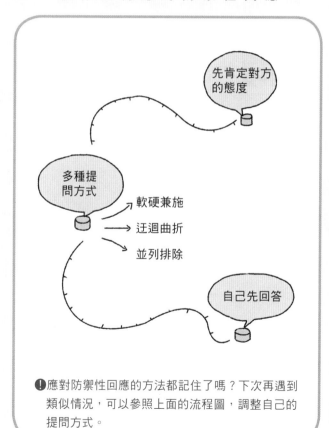

先肯定對方的態度

多種提問方式

→ 軟硬兼施

→ 迂迴曲折

→ 並列排除

自己先回答

❶應對防禦性回應的方法都記住了嗎？下次再遇到
類似情況，可以參照上面的流程圖，調整自己的
提問方式。

## CHAPTER 4

引 導 、 說 服 、 提 醒 型

# 提問

如果擁有高超的說服能力，在職場上可以說是如虎添翼了。本章就教你如何用提問，引導對方說出你要的答案。

# 用提問
# 說服對方

善用提問，能夠引導對方慢慢走近自己劃定的範圍中，引導對方說出你想要得到的結果。

Wing 想讓 John 和自己一起報名參加培訓課程。Wing：「自我提升對我們的事業很重要，我們一起報名好不好？」John 不大想報。這時 Peter 經過，便搭了個訕問 John：「你覺得自己現在業務能力已經足夠好了？」John 趕忙搖頭說：「不是。」Peter 再問：「你不想提升競爭力嗎？」John 繼續回答：「當然不是。」Peter 繼續追問：「還是說，你覺得 Wing 選擇的培訓課程沒甚麼用處？」John 立刻臉紅了，趕緊說：「絕對不是的，只是我改不掉懶散的習慣而已。」Peter 笑了笑：「既然你自己也渴望進步，又覺得 Wing 的選擇可以，為甚麼不一起學習呢？」在 Peter 的連串提問下，John 便和 Wing 一起報名了。

**Wing 只是簡單的徵求 John 意見，而 Peter 則將每個問題都結合到 John 本身的客觀因素上去，一環扣一環，逐步喚起對方的自我認識，能更有效地說服對方。**

John，我們一起去報讀那個課程吧！

我不去了。

你自己也想進步，課程也合適，為甚麼不跟 Wing 一起去呢？

好吧，我們一起報名。

沒想到提問除了用於滿足求知欲,還能夠用來當作說服他人的一種手段。那麼該如何用提問來說服他人呢?

## ・棒球投手式提問・

「yes or no」問題

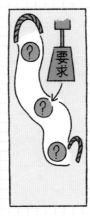

適時加入要求

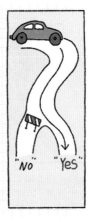

迴避可能會被回答「no」的問題

想要用提問來說服對方,不僅需要善用提問技巧,還要講求心理上讓對方覺得你跟他站在同一陣線。暗示對方,讓其知道你了解他的需求,你提出的選擇正是有利於他的。

### 1. 只提「yes or no」的提問

如果想要有效說服對方,前提是牽引着對方的關注點,讓

只提「yes or no」的問題，讓對方的回答和聚焦點落在你想要的方向上，從而掌握主動權。

他的回答和聚焦點落在你所引導的方向上。因此，不要提供簡答題、主觀題或者選擇題，最好為「是」與「不是」的判斷題。

## 2. 在適當的時候加入自己的要求

單純將對方的想法和思維引導到你設定的方向還不夠，在達到這個初步效果之後，要適當地加入自己的要求。將你的要求轉化為選項，或者單項建議，融入到問題之中，繼續深入這些有指引性、要求性的提問，從而達到說服對方的目的。

## 3. 過程中要善於迴避可能會被回答「no」的問題

人的思維具有一定的連貫性，因此我們在設置提問的時候要善用這一點。因為抓住對方思維的連貫性之後，對方習慣了選「是」，那麼當你提出要求的時候，他很有可能也會慣性地給出肯定的回答。

**想要善用提問去說服對方，我們可以通過一系列封閉性問題引導對方講出肯定的答案，期間要注意在適當的提問中巧妙地加入自己的提問，並且在問題設置上要重視和善用對方思路的連貫性。**

# 從表面
# 問題入手

說話一語中的，有時是好事，但有時卻是壞事，畢竟古往今來我們都懂得「忠言逆耳」這個道理。所以，如果我們看穿了對方存在的問題，有時不必一言戳穿，可以先從表面問題入手，利用層層遞進的提問，引導對方自己看透問題的根本。

Wing 準備的計劃書不太成熟，為客戶考慮得不周全。Peter 沒有直接說出來，而是採用了從表面問題入手的方式。Peter 問：「你喜歡別人對你好嗎？」Wing 回答說：「當然喜歡。」Peter 又問：「你覺得客戶喜歡你對他好嗎？」Wing 說：「當然喜歡啦。」Peter 接着問：「那你覺得，你的計劃書能讓客戶感覺到你在對他好嗎？」Wing 恍然大悟，明白了自己的計劃書還需要繼續完善，需要補充為客戶考慮的因素。

Wing 寫的計劃書的根本問題在於，沒有設身處地站在客戶角度來考慮問題。**但 Peter 沒有擺出「救世者」姿態去教訓 Wing，而是從表面的問題入手，讓 Wing 更容易接受。**

有時候，明明是好心幫對方指出很明顯的錯誤，對方不但不接受還很容易生氣。這個時候應該怎麼做？

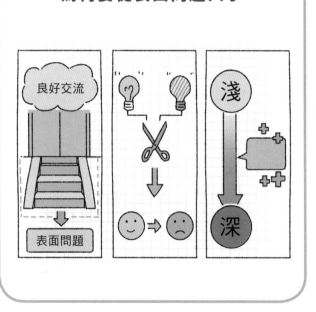

## ·為何要從表面問題入手·

良好交流

表面問題

淺

深

直接說出對方的根本問題或向對方揭露事件的本質，說服力有時反而沒有旁敲側擊的大。

**旁敲側擊有說服力的原因在於，人有慣性思維，一下子打破對方的固有觀念，很可能適得其反；相反，如果不急着改變，而是緩緩擺向、層層深入，反而能夠達到目的。**

這種時候就要先從表面問題入手，創造一個良好的交談氛圍。不要急於反駁對方，那樣很容易產生相反效果。

### 1. 以表面問題入手，創造良好交談的氣氛

如果我們想要揭示事情的本質，可以選擇從與這個本質相關的表面問題先入手，這樣能夠溫和地打開對方的話匣子，引導對方由淺入深，逐步走向本質問題的思考。

### 2. 不要一開始就急於打破對方的慣性思維

從表面問題問起，關注對方的思維概念以及心理反應。如果我們劈頭就直接揭示對方的問題所在，對方很可能會像受到刺激的蝸牛一樣，一下子縮起來保護自己。但如果從表面問題入手，對方不容易察覺我們的目的，會以事論事與我們討論表面問題，從而為接下來的談話創造了條件。

### 3. 由淺入深地引導比直接揭示有說服力

我們很難一下子讓對方扭轉自己對本質問題的既定看法。因此，需要透過一步步細化的引導，讓對方逐漸深入認識本質問題。這樣的分步驟引導，比直接揭示更有說服力。

**從表面問題入手，由淺入深地引導，更容易喚醒對方的覺悟。**

# 如何用提問反擊
# 對方的異議

辯論的時候，你一言我一語，很容易出現爭執，甚至引發惡言相向的局面。遇到這種情況，我們可以善用提問、反問的方式，針對對方論調的弱點提出異議和反擊，這樣既不失風度，又能達到預期效果。

週一例會上，Peter 正在向同事講解本週的工作安排。這時 Kelvin 站起來說：「前輩，我認為本週的工作安排稍為欠考慮。」Peter 沒有直接反駁 Kelvin 的觀點，而是微笑地點點頭，說：「任何計劃都不可能是十全十美的，能提出自己的異議值得表揚。那麼，Kelvin 你對於本週的工作安排有甚麼更好的建議嗎？」

**案例中，Peter 面對這樣的情況可以有多種反駁 Kelvin 的方法，可是他並沒有這樣做，而是以退為進，反過來問 Kelvin 有甚麼建議。**這樣的提問方式，既表現出對 Kelvin 所提異議的尊重，同時還化解了兩人之間直接衝突的可能性。換個說話方式，令整件事情順暢了不少。

我認為本週的工作安排稍欠考慮！

本週的工作安排是這樣的……那麼你有甚麼好的建議呢?

在交談中如果遇到語言爭論或者攻擊，直接反駁似乎很容易發展成吵架，要如何才能得體地反駁呢？

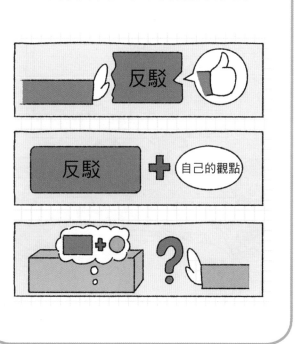

## · 用提問反擊對方異議的方法 ·

溝通是雙向的，你可以提出自己的觀點，但別人也可以表示不認同，甚至反駁。當觀點相左的時候，如何用提問反駁對方的異議，就能體現一個人交談的藝術造詣。

可以用提問來反擊對方的異議，先贊成對方所說的話，然後根據其論調的弱點加以反問，這樣既不失風度，又能達到反駁的效果。

## 1. 贊成對方所說的話

面對反駁你觀點的人，不要一味地硬碰硬，我們可以先軟化自己的態度，贊同對方說的話。這樣做的好處有兩個，一是避免雙方交談陷入僵局；二是為自己後續的反擊做好鋪墊。無論對方是不是一個容易說服的人，先表示認同，**首先就能讓對方「伸手不打笑臉人」。**

## 2. 說出自己的不同觀點

先認可對方，是為了更加順利地說出自己的不同觀點。人的溝通就是這樣，總是講求平等，既然你先認同了他的觀點，那麼他再接下來的交談中亦不好意思直接否定你。**你有你說話的機會，我亦有我說話的權利。**所以，大家不妨先贊同對方的觀點，然後再禮貌地說出自己的觀點。

## 3. 用提問的方式反問

如果對方就你的某個建議和說法明確提出異議，你可以問對方有甚麼建議，如果對方提不出比你的方案更加實用的建議，**那麼無形中你就成功反擊對方了。**這樣提問的方式除了可以反擊對方，還可以給對方一個切身感受的機會，更好地從你的角度或者事情本身思考，這樣就可以有效化解雙方的矛盾衝突。

# 敦促對方覺悟的提問

遇到交談對象思緒混亂，優柔寡斷的時候，我們可以考慮用連續漸進的提問，促使對方反思。

Tony 想貸款買車，可是又擔心車貸壓力大，並為此猶豫了好一段時間。Peter 知道 Tony 想買車，但又怕不能付清分期付款。於是 Peter 問 Tony：「你覺得 2000 元，可以用來做甚麼？」Tony 說：「現在這年頭，2000 元可去吃幾頓烤肉。」Peter 再問：「那你喜歡吃烤肉嗎？不能吃其他東西？」Tony 回答說：「當然不是。」Peter 又問：「那你是不是能抽點時間做飯，把去吃烤肉的錢拿來供車？」

Peter 的問題具有明顯的傾向性，他知道 Tony 覺得每個月供 2000 元是一種壓力，於是 Peter 便抓住 2000 元每個月這一點作為切入點，問 Tony 平時怎樣花掉 2000 元，然後再以此暗示，**引導 Tony 明白到其實他可以將不必要開支節省下來，用這筆錢來實現自己的願望。**

職場必備的提問技巧！

在遇到親人或朋友無法下定決心做某事的時候，直接勸說也效果不好。這個時候應該怎麼做？

## ・利用提問敦促對方覺悟・

1. 利用提問引出對方疑慮

疑慮

2. 針對疑慮說出自己的想法

分析

疑慮

3. 就此想法提問

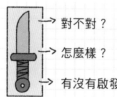

→ 對不對？

→ 怎麼樣？

→ 有沒有啟發？

4. 表達願意承擔的決心

沒關係，有我在！

如果想利用提問的方式，敦促對方覺悟或者反思，可以緊扣你認為對方值得思考的核心點，以此鋪開系列提問。

**1. 當對方優柔寡斷，提出問題引導對方說出疑慮之處**

當一個人優柔寡斷，說明他對選擇存在一定的疑慮或者思

當對方優柔寡斷的時候，我們可以利用提問引導對方說出疑慮之處，再對此提出自己的意見，解決了疑慮就容易作出決定了。

考。針對這種情況，我們最好首先利用問題，引導對方說出自己的思考及疑慮之處，只有這樣才能更好地「對症下藥」。

### 2. 針對對方說出的疑慮，提出自己對此的想法

在利用提問問出了對方的疑慮之後，我們需要設身處地為對方的疑慮分析，並提出你自己對這個疑慮的看法或者建議。如果對方的疑慮主觀性強，那麼我們可以從心理角度給對方建議；如果對方的疑慮是客觀性的，那麼我們可以提供可操作性的解決方案。

### 3. 就自己提出的想法，徵求對方的意見

當我們了解對方疑慮，並分析過後，一定要及時了解對方對自己的分析的想法。這樣做非常重要，可以將我們提供的解決建議歸入問題之中，並推薦給對方，喚起對方對這些建議的思考。同時還可以幫助我們了解對方是否已經釋除疑慮。

### 4. 必要的時候，表達自己願意承擔的決心

如果對方對自己的信任度不夠高，我們還可以適當地表達自己願意承擔後果的決心，從而提升對方執行建議的意願。

# 讓對方說出
# 「是」的提問法

如何才能讓對方說「是」,而非「不是」?其實,想要從對方口中得出肯定答案,我們的提問方式很關鍵。針對對方的意向強弱程度,我們可以用改變提問的方式來達到自己期望的效果。

Wing 去快餐店買午餐,本來她是想要買蘑菇漢堡的,可是店員第一個問題是:「你好,我們店裏有最新推出的蘑菇飯餐,還有蘑菇漢堡、薯條等經典產品,您想試試哪一種?」店員一下子說了那麼多選擇,Wing 都慌亂了。她心想蘑菇飯餐會不會比蘑菇漢堡好吃,薯條是不是很久沒吃了,於是久久選擇不下。就在這個時候,快餐店的店長過來問 Wing:「推薦您試試我們的蘑菇飯餐,來一份嗎?」Wing 回答:「好吧,試一試。」然後,店長又問:「要不要也要一個小份的漢堡?」店長的話,提醒了 Wing 的初衷,於是 Wing 也買了漢堡。

**店員的問題中羅列了過多的選擇,不利於快速得到明確的肯定答案。店長的問題則帶有強烈的引導性,更容易使 Wing 說「是」。**

相比否定，人往往更喜歡肯定的。有沒有能讓對方說出肯定答案的提問方法？

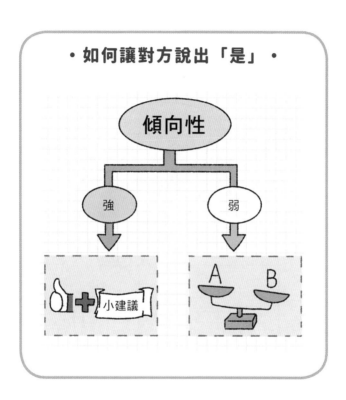

・ 如何讓對方說出「是」 ・

傾向性

強

弱

小建議

A B

想要從對方口中得到「是」這樣的肯定答案，我們需要根據對方傾向的強烈程度，具體分析問題。

**1. 如果對方傾向性不強，盡量提供選項少的選擇題**

如果對方本身並沒有強烈的傾向性，那麼他的潛在選擇是

想要從對方口中得出明確的肯定答案，我們的提問方式很關鍵。針對對方的意向性強弱，我們可以通過提問設置的方式來達至預期的效果。

開放的。面對這樣的情況，如何才能將「是」的機率提高？首先，我們要快速及客觀地審視對方的要求。例如向顧客推銷服裝，**我們可以從對方現有的衣着去假設對方的品味**。這樣的預設非常重要，能幫助我們預備選項。接着，我們就要根據自己對對方的意向預設，**直接說出我們的推薦**，提供的選項盡可能少，兩個為宜。

## 2. 對方意向明確，我們就要善於「順從」對方的意向

正所謂「勉強沒有幸福」，如果有些人在你提供選擇之前，就已經具備明確的意向，我們就沒必要強行改變對方的想法，反而要尊重對方。不過，這裏有一個小技巧，就是善用「禮尚往來」的心態。**你先肯定對方的意向，然後再把握時機，將自己的推薦設置成下一條問題，追問對方。**這樣既能尊重對方的想法，又能將自己的意見設置成附加建議。

**針對如何設計讓對方回答「是」的提問方法，關鍵在於對對方意向性的預判，對傾向性不強的人，我們可以以將自己的推薦融入單項選擇題之中；而針對傾向性強的人，我們就要先尊重對方的選擇，再將自己的意見轉化為附加建議。**

# 把問題巧妙地
# 組合起來

條條大路通羅馬,對於同一個問題,我們可以有不同的切入點。**當正面「強攻」無法達到預期效果的時候,可以嘗試從側面切入,說不定能達到意想不到的效果。**因此,我們可以將一些側面攻擊點化作不同問題,組合起來達到預期目的。

John 的新髮型不大符合商務禮儀的形象要求,林 Sir 沒有直說,而是採用了提問的方式。林 Sir 問 John:「最近流行這髮型嗎?」John 回答說:「是呀,堪稱街拍達人必備的潮流髮型。」林 Sir 笑笑說:「那你是不是也想當街拍達人啊?」John 聽完這句話後,意識到林 Sir 話中有話。林 Sir 問:「你覺得客戶比較喜歡跟街拍達人談生意,還是和商務人員談生意呢?」John 終於意識到自己的髮型不符合商務形象。

**如果林 Sir 直接說出自己的看法,那這場對話將可能演變成「上司對下屬的訓話」。**相反,林 Sir 從潮流髮型、街拍達人這樣的角度切入,從而引發 John 對自己髮型定位的思考,使整個交談過程既輕鬆愉快又簡潔有效。

職場必備的提問技巧！

有時候在提出的問題被忽視或拒絕回答的時候，就會有挫敗感，也就不再想繼續提問了。

## · 找到合適的切入點 ·

你想要的方向

對方想法

引導對方往你期望的方向思考

有時候過於直接地說出自己的意見，容易給人一種你將意見「強加」在別人身上的錯覺；相反，採取不同的切入點，再將問題巧妙地組合起來，往往能取得更好的效果。

### 1. 針對同一個問題，找出合適的切入點

我們往往只看到問題的表面，而忽略了這個問題可以有不

對於同一個問題，我們可以有不同的切入點。當正面「強攻」無法達到預期效果的時候，可以嘗試從側面切入，說不定能達到意想不到的效果。

同的切入點。例如你想說對方胖了，應該少吃一點，我們不必說：「你該節食了」，而可以選擇問：「我最近是不是胖了？」後面提出的這個問題，相較第一句陳述，明顯婉轉很多，也能達到引起對方思考自己體重的效果。所以，在我們表述自己意見的時候，尤其是想給對方一些明確指引的時候，不要用命令或者指責式的口氣，可以選擇婉轉的切入點。

## 2. 引導對方往你期望的方向思考

當對方的回答顯示其想法和你的預期並不一致的時候，我們就要根據自己的預期，選擇一個恰當的點，**給予對方一個不同的視角**。例如，對方糾結着自己是否要買下這件露肩上衣，她的考慮是「露肩上衣是否符合自己的氣質」。如果你希望對方買下這件露肩上衣，你可以給她一個新的視角：「露肩上衣穿起來會顯得年輕，是嗎？」選擇適合的問題，給出新的視點，就能引導對方朝你的預期方向走。

**直白地表達，有時會引起或激發對方的抵觸情緒，所以我們要善於找一個溫和的切入點，並根據自己的最終目標，引導對方朝你預設的方向進行思考。**

# 關鍵時刻請使用
# 引導詢問

用不同的問題引導對方走進自己設置的思維領域，是提問的常用技巧。**但是如何有效地引導才能避免引導的傾向性過於明顯，反而讓對方產生警覺，甚至抵觸情緒，就需要一定的技巧。**

Kelvin 和 Peter 想約林 Sir 吃飯，於是兩人便敲門進了林 Sir 的辦公室。Kelvin 直接問林 Sir：「附近新開了一條美食街，林 Sir 您有興趣去試試嗎？」林 Sir 習慣性地看了看自己的日程表，不確定地說：「不知道啊，最近有點忙。」Peter 見狀，急忙問：「林 Sir，您喜歡日本料理還是泰國菜呀？」林 Sir 回答說：「我比較喜歡日本料理。」Peter 接着問：「那您是想週六去，還是週五晚上下班去？週五晚上是不是比較盡興呢？」林 Sir 笑了一下，便答應了週五晚上下班一起去吃日本料理。

Kelvin 的提問很有禮貌，可是卻實用性不強，林 Sir 即使回答有興趣，Kelvin 還得繼續追問林 Sir 時間。**Peter 的選擇題則來得簡單直接，尤其是最後一個問題，以週五晚上活動的優點引導林 Sir 答應自己的邀請。**

職場必備的提問技巧！

提問除了是用於問問題，還有其他的用途。那麼如何用提問來引導對方呢？

## · 如何使用引導詢問 ·

結合對方興趣引導　|　問題要有一定的力量

Powerful

在交談中，當我們想要向別人進言或者促使別人思考某一個事件的時候，我們就要善於在關鍵時刻使用引導性的問題，以詢問來敲擊對方的思考。

### 1. 提對方感興趣的問題，結合對方的興趣引導
想要成功引導對方往自己的方向走，最好的辦法就是問對

當我們想要勸說別人，或者促使別人思考某一個事情的時候，我們可以結合對方的興趣來引導。

方感興趣的問題。簡單地說，就是先拋出誘餌，讓對方走進我們設定的問題之中。**因此，我們要了解對方的喜好，然後再將自己設定的前提，和對方的喜好巧妙地結合。**例如，你想約會一個新朋友。最好的辦法是先問對方週末喜歡做甚麼，而不是直接問對方「我們週末一起看 Marvel 電影好嗎？」在摸清對方的興趣之後，再適當地引導就會事半功倍。

### 2. 引導問題要有一定的力量

要成功引導對方，我們就要選擇有價值的內容來提問，在問題中融入精準的主題，不能模棱兩可。例如「我們將要看的這部電影，你覺得會好看嗎？」以及「大家都說這部電影好看，我們看這部電影好嗎？」**這兩個問題相比，後者融入了更多的客觀背景作為支撐**，而且，提問者自身的主觀表述「我們看這部電影好嗎？」也比「你覺得怎麼樣？」更具有引導力量。

想要成功地在關鍵時刻採用引導性問題，將對方帶入你預設的前提中去，首先，我們要找到對方感興趣的地方，並以此作為切入點；其次，在設置引導性問題的時候，要讓兩個選項的利弊盡量明顯。

# 教你如何
# 用提問整理分歧

討論雙方在各抒己見的過程中出現分歧是常有的事。如果在雙方各執一詞的情況下，缺乏一個良好的分歧點歸納者，那麼談判將很難朝着良好方向發展，甚至出現不歡而散的局面。

## 1. 定義對方的意見

一旦與對方的交談出現分歧，不要急於抵觸或者反駁，首先要聆聽對方的意見，並且要「聽懂」對方的意見。這裏所說的聽懂，**指的是從對方話語中歸納出對方的明確意見**。不要單純地將對方的意見定義為「對立面」，而應該將其具體化。

## 2. 將對方的意見與自己的意見進行對比

人的措辭有些奇妙，可能雙方都在表達同一個意思，只是措辭不同因而導致聽者的感覺不同。因此，明確對方的意見之後，**首先要對比對方和自己的意見，看看哪一點存在分歧**。

## 3. 就歸納到的分歧點，向對方提問並徵求意見

接下來，是最為關鍵的一步，我們需要就你自己總結到的分歧點，向對方徵求意見。

快速整理分歧
四大招式

### （1）對方的意見和自己的意見沒有本質分歧

如果整理過程中，發現雙方的分歧點屬於主觀因素，並非本質上的分歧。例如，你認為應該以現金獎勵員工，而對方覺得超市購物禮券更好。**這樣的分歧只是操作上的不同，但本質都是利用額外的物質獎勵激發員工的積極性。**這個時候，你可以向對方闡述自己認為以現金作獎勵的原因是甚麼，以此徵求對方的意見。

### （2）對方的意見和自己的意見有本質分歧

當然，還有很多情況是，雙方的意見具有本質上的分歧，是非黑即白，做或不做的選擇。還是以上面的現金或購物禮券的案例作為例子，你的意見是送現金，而對方的意見是不獎勵。**那麼，這就是黑與白的選擇，很難融和。**面對這種情況，我們可以先徵求對方反對的原因是甚麼，嘗試從對方的立場和考慮上反思自己的意見。

### 4. 就雙方分歧進行討論

當雙方已經完全明確分歧，並且在了解到雙方堅持意見的原因之後，交談可以開始進入討論階段。無論雙方的意見是否具備本質性的區別，討論過程都將是一個引導和反引導的過程。在引導對方的層面，我們可以盡量列出有利因

圖解提問力 — 引導、說服、提醒型提問 CHAPTER 4

素，以有利因素作為前提，詢問對方對此的反駁原因；而在反引導的層面，我們可以針對對方提出的原因反問，反問對方這樣考慮的根本原因是甚麼。

**經歷了這些階段之後，最理想的結果是雙方能討論出一個理想的結果。如果這種情況並未出現，我們就要適當地選擇一個折衷的方法，選取雙方認可度比較高，至少分歧沒那麼大的方案。**

想要利用提問整理分歧點，最重要是聽懂對方的意見，及時對比自己的意見，從中歸納出分歧點，然後就分歧點徵求對方的意見。在整理出分歧點之後，我們還需要善用提問，推動雙方化解分歧點，或減少分歧點。只有這樣，才能推動交談有效進行。

一起來看看有甚麼實踐方法！

# [簡單實踐法]
## 教你如何提問整理分歧點

 對方意見的定義

_____

_____

歸納雙方分歧點

_____

_____

 就分歧討論

_____

_____

❗當交談出現分歧或爭執時，記得利用以上的表格來整理！

## CHAPTER 5

溝 通 型
# 提問

溝通的重要性對於生活或工作，在以上章節都不言而喻。如陷入了局限思維怎麼辦？討論停滯時怎麼辦？兩難境況如何緩和？溝通型提問能幫你解決以上問題！

# 緩和兩難局面的提問方法

交談，可以是雙方的，亦可以是多方的。在日常溝通中，因為意見相左，而使多方交談僵持不下的情況時有發生。

房地產經紀正在接待一對想買樓的夫婦，但是二人卻就孩子房間的大小爭論了好一陣子。經紀見狀便問：「哎喲，你們的孩子真聰明，平時有甚麼興趣啊？」丈夫見人稱讚自己的孩子，趕緊說：「孩子喜歡畫畫，還說以後要當畫家！」經紀接着問：「如果是這樣，那房間大一點比較好？給孩子多點想像空間，還能放畫架顏料等練習畫畫。」經紀這麼一說，夫婦二人選擇了購買大兩房的房型。

**經紀看準了夫婦二人對孩子房間大小的意見不一，於是由此切入，詢問他們對孩子將來的培養方向，引發雙方思考孩子房間的實際需求，從而作出了決定。**

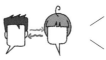 透過提問找尋對方的着眼點！

當多方對話陷入兩難時，可以用提問來緩解狀況嗎？

· **如何緩解兩難局面** ·

肯定雙方目標

Goal

從中抽取重點

建議

A B

提出第三個建議

## 1. 要肯定雙方追求的目標

如果因某事件而出現雙方兩難的局面，那麼我們就要先了解雙方的目標是否一致。如果一致，引導雙方形成統一意見；如果不一致，那麼我們首先要肯定雙方的目標，然後再分析兩者目標的差距主要在哪裏。

當對話僵持不下時，我們要努力找尋雙方都認可的突破點，並善用提問方式，勾起雙方對彼此都認可的地方重新思考，從而緩解兩難的局面。

## 2. 篩選出雙方意見中的重點分別

肯定雙方的目標之後，我們要從雙方意見中抽取出重點，比較出其中的差別。例如 A 認為公司 BBQ 應該以各自部門為分組單位；而 B 則認為，應該將公司同事打散，隨機分組。

得出兩者的重點差別在於，前者側重讓同部門的同事增強了解，而後者意在讓全公司的人都有機會增強了解。所以我們要善於從不同意見中，總結出雙方意見中不同的考慮點。

## 3. 針對篩選出來的意見提出第三個建議

在總結雙方意見的考慮點之後，我們可就這些差異給出自己的意見。先就不同的重點分析兩者的立場，明白兩者的考慮點背後的意思。**然後嘗試尋找切入點，而這個切入點一定是雙方都樂於接受的，在此給出融合雙方考慮的意見。**

要想善用提問緩和兩難的對話局面，我們首先要以提問獲得雙方的意見，並比較雙方意見的考慮點，最後針對雙方的需求和意見以徵詢提問的方式，提出自己的意見。

# 結束商務談判的
# 有效提問

或許大家會覺得交談結束了就萬事大吉，其實不然，結束時的提問尤其是商務談判結束時的提問，不僅能幫助你確認手頭上已經獲得的訊息，還能引導對方理清整體思路，也能給對方留下好印象。

Kelvin 和 Peter 一起與客戶開會，Kelvin 想起身與客戶握手道謝便離開。Peter 趕緊攔住了 Kelvin，將客戶的要求分別羅列出來，問客戶：「那麼，交貨日期您們要求是下個月 15 日，對嗎？」客戶回答說：「對，15 日，如果那是週末，我希望能提前到 15 日以前最近的工作日。」Peter 通過結束時的提問，得到了客戶對要求的補充說明。

**Peter 告訴 Kelvin，商務會議結束時，除了禮貌地握手言謝，更重要的是重溫本次談話的內容，用提問方式確認對方的要求和提出的意見，避免大家對訊息理解有誤。**

透過提問找尋對方的着眼點！

職場新人往往都覺得商務談判結束就結束了，但實際上，談判結束時的提問是需要特別重視的。

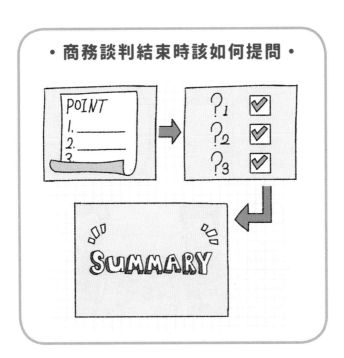

在商務會議結束時，向客戶確認自己目前掌握的訊息是否有誤，不僅有利於後續工作的開展，還能進一步獲取更多的訊息。

### 1. 整理對方的話

談判接近結束時，要及時整理出對方意見或要求中的重點，這個步驟要全面而有次序。全面，是指我們要從頭到

商務談判結束時的有效提問，不僅能幫助你確認手頭上已經獲得的訊息，還能引導對方理清整體思路。

尾地理清自己的思路，理清對方全部的意見，而非單獨抽取一兩個意見；有次序，是指我們要按照對方提出意見的先後次序走，不要胡亂顛倒對方的意見。

### 2. 用問題確認自己歸納的重點

在全面而有次序地歸納出對方意見的重點之後，我們要就自己整理出來的重點向對方確認是否正確。其中要注意的是，提問亦要依照次序，這樣能「帶領」對方重溫一次剛才的對話軌跡，讓客戶重新思考一遍，確認是否有補充說明。

### 3. 總體收攏，作總結性匯總

在提問結束後，無論對方是否有新的補充點，我們都要將整體梳理一遍，做一個歸納性總結。這樣不僅能進一步促使雙方明確各自的權責和要求，還能給對方留一個思路清晰的好印象。

在結束商務會議的時候，根據談判思路回顧內容，整理出此次談判的重點，並以提問的方式得到對方的確認。**最後就整個談判，以及就談判重點內容作出歸納性總結提問，不僅能確認自己訊息的準確性，還能推動事件順利地發展。**

# 討論阻塞時
# 轉換視點很有必要

有時候，人與人之間的交談就像是拔河，你用力，我也用力，雙方都不願鬆手讓步；而有時候，人與人之間的交談又像是原地打轉，大家看到的方向不一樣，繞來繞去，繞不出一個直線目標。**面對這些困難，最好的辦法是切換視點，給出一個新的視點，引導對話方盯上這個新視點。**

公司就新項目地面用料的選擇召開討論會，大家的討論十分熱烈。有些人認為 A 款材料的硬度好，有的認為 B 款材料的壽命更長，大家各執一詞互不相讓。這時 Wing 站了起來，說道：「現在我們面前有 5 種質可以選擇，大家考慮得也都很周全，但是我們的預算有限，大家將預算納入考慮範圍，覺得哪一種更為合適？」在 Wing 的提醒之下，大家頓時明白，既要考慮材料質量，又要考慮預算的話，那就只有一種選擇了。

爭持不下，是因為大家都將視點放在「這款材料的某一種優勢」這個點上。可是，Wing 卻引導大家從「預算」這個新視點再作思考，迅速解決了問題。

透過提問找尋對方的着眼點！

在交談的過程中，慢慢演變成爭執或者原地轉圈說不清楚的狀況，這個時候應該怎麼辦呢？

## ・如何轉換視點・

俯瞰全局　　　　　分析細節

當討論有阻滯時，我們就要學會換個角度看待這個問題，試試切換一個新的視點，引導討論者從另一個層面思考問題，這樣很可能就能輕鬆地使雙方明確各自意見的利弊，從而得出一個符合實際的結論。

### 1. 像鳥一樣去俯瞰全局

在交談過程中，我們要着眼全局，了解事態的發展過程，

大家看到的方向不一樣，所以目標和想法不一樣。最好的辦法是切換視點，給出一個新的視點，引導雙方聚焦於這個新視點。

再切換不同的視角跳出眼前的局限，尋找雙方爭論的本質。例如：A 和 B 就自己開私家車還是乘坐地鐵而爭執不下。A 認為自己開車雖然費用高，但比較方便；B 認為坐地鐵比較環保和實惠。我們用俯瞰的視角看待雙方的爭執會發現，雙方分歧點看似是開車或坐地鐵，但其實兩人的着眼點都是費用。

## 2. 以蟲的眼睛去分析細節

在掌握了爭執的本質視點之後，就可以用蟲的眼睛去分析各方意見中的小細節。繼續上面的事例，了解雙方爭執的視點是費用之後，我們就可以接着分析細節。A 覺得自己開車雖然各方面加起來開支較大，但節省了時間。B 認為花費了時間，卻節省了開支。那麼，如果從假日高速公路特別堵塞的狀況來看呢？這就是一個新視點，讓 A 不得不重新考慮自己的觀點。

對於同一個問題，先確認討論爭執的本質視點在哪裏，然後，**一方面要針對這個本質分歧作具體分析，另一方面要跳出這個本質分歧**，對整個事件作細節分析，從而得出一個不同於本質分歧的新視點；尋到討論方既定思路中的死角，很可能就能轉化整個討論的思路。

# 如何脫離
# 思維局限

很多時候，我們的慣性思維局限了我們對待問題的態度。
認為必須遵循因果關係來思考，但在某些情況下，跳出原
本的問題框架，才能推動對話朝良好的方向發展。

Tony 與 Kelvin 抱怨：「這個客戶有些麻煩，設計方案一改
再改，怎麼也不肯妥協。」Kelvin 問：「是嗎？客戶提出
哪些修改要求？」Tony 於是將客戶這幾次的修改要求都和
Kelvin 說了。見兩人正聊得起勁，林 Sir 問了 Tony 一句：
「客戶的修改要求都與成本相關，你考慮到客戶的經費預算
了嗎？」林 Sir 的問題，讓 Tony 想起自己忘記了客戶的經
費預算問題，所以客戶才一直請他修改方案。超出客戶預
算太多，不僅會讓客戶有壓力，更加會讓客戶覺得你沒有
從他的角度去考慮，這樣的方案客戶自然是不會接受的。

Tony 總以為是客戶對他的設計不滿意，而林 Sir 的提問，
跳出方案設計，給了 Tony 一個新的思考方向——經費預
算，幫助 Tony 跳出原來的思維，解決了客戶的需求。

透過提問找尋對方的着眼點！

這個客户有些麻煩，總是要求修改方案。

是嗎？那他提出哪些要求了呢？

你考慮到價格因素了嗎？

人的思維都是有局限性和慣性的，但在很多情況下，我們會發現按照慣性來思考行不通，該怎麼辦？

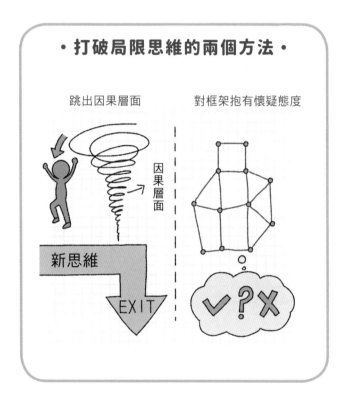

## · 打破局限思維的兩個方法 ·

跳出因果層面

因果層面

新思維

EXIT

對框架抱有懷疑態度

✓ ? ✗

### 1. 單純強調因果關係並不能解決問題

如果一個問題從因果關係來看，找不到有效的落腳點，那麼我們就要思考，我們是否能跳出這種因果關係，從另一種角度重新切入。例如老婆要求老公先洗澡再吃飯，老公

在某些情況下，跳出原本的問題框架，
才能看清事情的原委。只有看清了原委
才能真正解決問題。

反問：「為甚麼？」如果老婆回答：「因為先洗澡再吃飯比
較舒服，不是嗎？」這是一個從因果關係分析的回答，但
卻不是最有力的，顯然老公可以駁斥：「我現在並沒有不
舒服。」但如果老婆回答說：「你就不能好好地陪我吃飯
嗎？」，這就是跳出了因果層面，加入了新的思維，讓自己
的要求表述得更加直接有力。

### 2. 必要時要對框架層面抱有懷疑態度

如果一味簡單地按照預設的框架走，一個方法走到尾，也
不見得就能輕鬆達到目的。在我們交談過程中，一直繞圈
卻始終沒辦法得出有效結論的時候，我們就要回過頭來
看，反思自己預設的整個框架是否存在思維死角，這樣就
能更有效地在交談過程中設定符合現實的應對方法。

**想要在交談中如魚得水，除了預設好自己的思路，還要學
會根據實際情況隨時調整，適當跳出眼前的思維局限，適
當的時候，甚至要對自己預設的框架抱有懷疑態度，就實
際情況適時制定更有針對性的方案。**

# 營造容易
# 提問的環境

**環境是影響提問的重要因素。這種環境不僅是客觀的交談場所，更指我們對話過程中的氛圍。所以當環境不適合提問的時候，我們可以營造一個有利環境。**

Peter在公司老總的帶領下，陪客戶參觀園景配套設施的生產情況。一路上，客戶說了很多改進的意見，大家交談得頗為暢快。可細心的Peter卻發現客戶對於設施某些地方不太滿意，卻始終沒有直說。參觀結束後，Peter單獨約客戶到附近的一間咖啡室。Peter問客戶：「從剛才參觀的過程來看，您對我們的產品還是比較滿意的。此次特別邀請您來，就是看看您能否再為我們的合作給予一點意見？我們會用我方公司名義將您的意見轉達給生產商，務求令您百分百滿意。」客戶說：「是嗎，那真的太好了，我覺得……」客戶打開了話匣子，將自己對配件的不滿意都跟Peter說了。

原來，配件的生產商是他們公司老總的親戚開的，他不便當着對方的面明說，可Peter這麼一建議，倒是可以幫助他解決與生產商直接談判的尷尬。

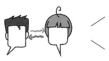 透過提問找尋對方的着眼點！

實地參觀

咖啡店

不是甚麼場合都適合提問，有時候提一個不合時宜的問題可能會造成一系列的不良局面，那麼怎麼營造適合提問的環境呢？

## · 6 步塑造容易提問的環境 ·

安全

平等

不強調對錯

負責

聆聽

共享

### 1. 安全性，問題不要過於尖銳

想要提問順利，對話雙方相談甚歡的話，我們要為對話創造一個安全的環境，不要提攻擊性過強的問題，否則很容易引起對方的反感。

首先要創造一個安全的環境，用平等溫和的態度提問，能很大程度上避免對方的抵觸情緒。

## 2. 用對等的態度進行提問

在提問前我們要注意自己的態度以及語氣，提前了解對方的文化水平及接受能力，用對方喜歡的方式提問，這是一種尊重，也是順利提問的關鍵前提。

## 3. 不要執意分出誰對誰錯

對錯是一個很主觀的事情，如果在交談中過於強調對錯，就容易陷入僵持的局面。

## 4. 對自己說過的話負責任

正所謂「一言九鼎」，我們要對自己說過的話負責，不能前半句剛說完後半句又推翻，這樣容易使對方質疑，並產生不信任。

## 5. 認真聆聽比急於發表有用得多

認真聆聽對方的意見及回答，不僅能給人一種尊重對方的感覺，同時也是一種在對話中收集訊息的重要手段。學會從對方的回答中，歸納出符合對方性格和思路的提問方式。

## 6. 注重訊息共享和互相補足

相比獲取訊息，更多時候我們要將自己掌握的訊息透露給對方，引導對方說出自己的訊息和想法，以作訊息互補。

# 快速建立
# 信賴關係的提問

**相互信賴是我們與人相處的大前提，通過友好的對話，我們能獲取有用的訊息。但信賴關係不是自然存在的，有時候我們可以利用提問來推動這種信賴關係的建立。**

Peter 和 Kelvin 一同會見一位首次接觸的客戶，Kelvin 不是很自在，便問客戶：「林女士，您喜歡做甚麼戶外活動啊？」這一問題讓對方覺得 Kelvin 很八卦，林女士並沒有直接回答，以致於整個對話陷入僵局。Peter 看了看林女士手中的首飾，便問：「林女士，您也喜歡這款鑽石首飾啊？我女朋友也特別喜歡。」林女士驚喜地回答：「喲，年輕人你也知道這個牌子啊？」Peter 說：「可不是嗎，這個牌子主打還原鑽石的真實狀態，就像愛情，毋須任何修飾。」就這樣，Peter 一下子就和林女士熟絡了。

Peter 告訴 Kelvin，要與客戶在短時間內建立起「比較深厚」的感情，最好是通過對對方感興趣的話題提問，勾起對方表現自己的欲望，將談話延續下去，這樣雙方之間的關係自然就拉近了。

 透過提問找尋對方的着眼點！

您喜歡甚麼運動？

您也戴這個牌子的手鏈呀，我女朋友也特別喜歡。

喲，年輕人你也知道這個牌子呀！

在對方還不相信自己時，提問往往很難取得進展。那麼怎麼才能快速建立一個信賴關係呢？

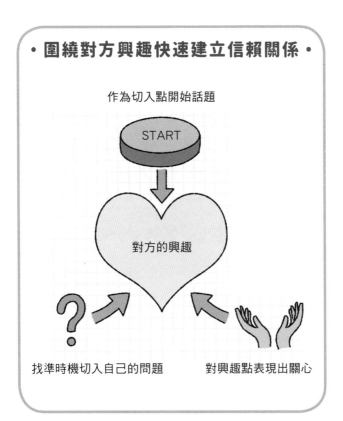

・圍繞對方興趣快速建立信賴關係・

作為切入點開始話題

START

對方的興趣

找準時機切入自己的問題　　　對興趣點表現出關心

## 1. 以對方的興趣為出發點

細心留意對方身上的小細節，找到對方的興趣，以對方感興趣的事情作為交談的切入點。

先以對方的興趣點展開話題，然後再由此關心對方，這樣對於拉近距離非常有效。

## 2. 表現出對對方的關心

初步試探對方的興趣之後，你首先要拿出感同身受的態度，認可對方的興趣，並表現出對對方的關心。例如對方喜歡聽演唱會，你可以問：「最近那個×××歌手的演唱會門票，您買到了嗎？需要我幫忙嗎？」這樣的關心，對於拉近距離非常有效。

## 3. 聆聽對方的看法

談話和演講不同，談話是一個雙向的過程，講求互動和互相尊重。所以，在談話中想要建立起互相信賴的關係，我們就要學會聆聽對方的看法，表現出我們對對方和整個談話的尊重，而不是急於表達自己的意見。

## 4. 找準時機引入自己的問題

當距離拉近，彼此初步建立了信賴之後，我們就要抓住時機，將我們的問題和對方的興趣結合，巧妙地將自己的意見融入到問題中。

**總而言之，想要借助提問與對方快速建立信賴關係，我們要分幾步走，先就對方的興趣提問，引起話題，然後讓對方把想說的話說出來，期間還要注意聆聽和表示關心。**

圖解提問力 ── CHAPTER 5 溝通型提問

# 教你如何
# 用提問讓對方平靜

在生活和工作中，我們經常會遇到一些強勢、情緒容易激動的談話方，這時候應該怎麼辦？

## 1. 表達自己的歉意

如果在談話之初對方就帶着不愉快的情緒，則很有可能是對你抱有某種的不滿意因素。遇到這種情況，首先我們要穩定自己的情緒。其次，要諒解對方，並就我們給對方造成的不滿表示歉意。這樣就能安撫對方，讓對方恢復理性。

## 2. 多用肯定態度，不要否定對方的話

當對方表示強烈不滿的時候，我們要先對對方的話表示認可，千萬不要急於駁斥。因為這時候的駁斥，很可能對方的情緒更加激動。我們可以用「是的」、「您說得對」之類的話語，先穩定對方的情緒。

## 3. 整理對方的話，用提問來確認

面對激動的對方，我們除了要照顧對方的情緒外，還要從對方一連串的話語中整理出對方的意見並作重點分析。

### (1) 看到情緒背後的不滿意

除非對方蠻橫無理，否則對方情緒激動一定有原因。一般來說，情緒激動時會降低人類思維的縝密程度，所以更多

的話語都是脫口而出的。這對於我們來說是一個機會，因為對方會無意識地反覆強調自己不滿意的地方。我們需要做的就是抓住這個對方反覆強調的點。

**(2) 整理歸納對方強調的重點**

很多時候，對方對我們的不滿有可能並不那麼具體，無法完全地用語言表述清楚自己不滿意的地方具體是甚麼。所以，我們要善於歸納和整理。

**(3) 用提問來確認對方不滿意的地方**

在初步得出對方不滿意的地方之後，我們要用問題來確認自己的猜想。如果我們猜想對方對結果不符合預期而不滿意，我們可以問「是不是現在的結果不大符合您的預期？」這樣將自己的猜想婉轉地陳述出來，徵詢對方的意見，往往能更好地化解對方的「怨氣」，起碼讓對方知道你明白他的感受和需求。

**4. 問清楚對方最不滿的地方是甚麼**

如果對方不滿意的不止一個地方，其激動的情緒會隨着不滿的數量而增強。面對這樣的情況，我們的當務之急是先問清楚對方最不滿意的地方是甚麼。先解決主要問題，接

下來的小問題才能慢慢解決。也能向對方表明你明白對方
強調的重點，有助於平復對方的情緒。

**用提問平復對方的情緒，並不那麼容易，我們要從態度、
分析和技巧等多方面入手。先肯定對方的意見，表達我們
的歉意，繼而從對方的話語中篩選訊息，用提問找到對方
不滿的地方，進而就對方的不滿擬定解決方案。**

一起來看看有甚麼實踐方法！

# [簡單實踐法]
## 教你如何提問讓對方平靜

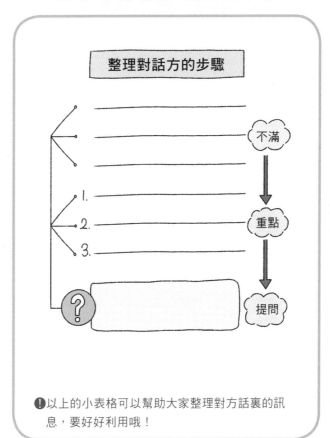

整理對話方的步驟

不滿

↓

重點

↓

提問

❶以上的小表格可以幫助大家整理對方話裏的訊息，要好好利用哦！

▼

## CHAPTER 6

激 發 興 趣 型
# 提問

沒有人想無功而還，當討論陷入僵局，我們應該怎麼辦？給出具體可行的解決辦法才是正道！接下來，讓我們一起學習如何用提問讓意見更有針對性。

# 用提問讓討論變得有價值

對話與閒聊相比，往往更講求成效。一旦談話進入了不着邊際的階段，我們不妨採用適當的提問來提高交談效率，要麼開門見山、要麼隱晦暗喻，總之要以提問明確談話的主題，將談話順利進行下去。

Kelvin 和 Wing 在談論學習方法的事情。可是聊着聊着，兩人發現雖然都在說學習方法，可是 Wing 在說應試的學習方法，Kelvin 在說如何應用學習到的東西。Kelvin 決定討論如何應用學習到的東西，於是問 Wing：「我想討論學以致用的問題。你覺得怎麼做，才能將所學的知識與實踐結合起來？」Kelvin 這樣一問，談話的主題明確了，雙方也能在同一個「頻率」上繼續交談了。

在談論過程中，如果 Kelvin 沒有及時在提問中明確討論方向是「學以致用」，雙方很可能會繼續在各自的「頻率」上高談闊論。**可見，必要的時候，我們在提問中加入自己的主題，更能讓對方明白自己的討論要點，從而讓整個談論變得更有意義。**

 試試以提問給出可行辦法！

在一些正式的場合中，如果談話變得不着邊際，大家都會煩躁或產生消極的情緒。該怎樣走出這局面呢？

## · 如何讓討論變得有價值 ·

| 明確主題 | 減少歧異 | 共同認知 |
|---|---|---|
|  |  |  |

有些談話之所以會沒有價值，主因是雙方主題不一致、討論點不一致以及思路不一致所致。因此，當我們感覺談話價值逐漸減小的時候，需要以適當的提問提點對方。

### 1. 檢查主題是否明確

談話過程中，對話雙方各自的立場和出發點不一樣時，我

**我們不妨採用適當的提問來提高交談效率，在提問中明確談話主題，將談話順利進行下去。**

們要善於從對方的問題或答案中找出對方的談話主題，檢查主題是否和我們想要談論的主題一致。

## 2. 定義其用語和認知，減少歧異

對話過程中我們要不時定義對方的用語及認知，一旦發現雙方認知不一致，我們要及時糾正，避免因為歧異而進行無意義的討論。

## 3. 檢查共同認知

善於利用提問檢查雙方的認知，確定雙方的看法。一方面，我們要保證雙方主題方向具有一致性，這樣才能使對話更加高效；另一方面，在利用提問檢查雙方認知的過程中，還能了解雙方的一致與差別。如果看法一致，我們可以根據設定來繼續提問，如果看法存在差距，則需調整提問方向，才能讓提問變得更有價值。

**在對話中我們不僅要時刻通過對方的語言檢查雙方談論的主題，還要不時提問，檢查雙方的共同認知程度，從而提升談話的價值。**

# 讓意見更有針對性
# 的提問

借助提問，引出對某一問題的意見甚至解決方法，是一個生活中經常用到的技巧。而在這個環節中，一旦我們能做到讓問題環環相扣，引出具有可操作性的意見，就等於讓意見有了針對性。

Wing 決定要好好理財，於是找 Peter 問問意見。Wing 說：「我決定不再亂花錢了。」Peter 問：「怎麼樣才算不亂花錢？」Wing 被問住了，Peter 說道：「不亂花錢就是不該花的錢不要花，想一想你有哪些錢是可以不花的？」Wing 想了想，說：「外賣開支太大，我可試試自己做飯。」Peter 接着問道：「還有嗎？例如衝動消費之類？」Wing 繼續回想，說道：「我總是在網購網站買了一大堆不需要的東西。以後我要按實際需要而買，不能再衝動消費了。」

**Peter 沒有籠統地告訴 Wing 怎麼做，而是通過提問的方式引導 Wing 得出合理且具體的操作方法，更具指導意義。**

試試以提問給出可行辦法！

我決定不再亂花錢了。嗯……

怎麼樣才算不亂花錢呢？

有時候我向別人求助，對方給出的意見看似很有道理，但根本無法使用。為了避免這種情況我該怎麼做呢？

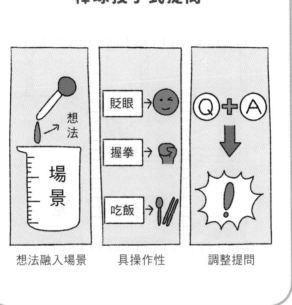

## ·棒球投手式提問·

想法融入場景　　具操作性　　調整提問

### 1. 將想法融入具體場景，會更加有效

如果我們直白地提出自己的建議，會給人一種過於主觀的感覺，因而容易產生抵觸情緒。最實用的方法是將自己的意見融入到一個特定的場景中，尤其是對方經常面對的場景。這樣能引發對方的共鳴，提高他對你的意見的接納度。

我們可以利用環環相扣的問題，把具體的操作過程引出來，就等於讓意見有了針對性。

## 2. 提問越具體，實操性越強

清晰明確的「指令」式訊息，往往比主旨不明確的訊息更容易傳遞到對方的思維中，因為明確的訊息能激起對方的直接思考；而具備不確定性的訊息，則需要對方在接受訊息後，消化一下。所以，盡量將具體訊息和意見融入提問中，這能提升對方的訊息接受度，從而讓意見更有針對性，增強意見的實操性。

## 3. 在問與答之間，給予自己新的啟發

我們不能單純地預設自己的針對性，還需在過程中，不斷根據對方的回答要點調整提問。只有不斷調整，讓提問更加切合對方的需求，才能真正將意見的可操作性提高，讓對方接受自己的意見。

**想要讓自己的意見更有針對性，我們還需將想法融入到具體的場景和細節中，用具體的問題向對方提問，從而引導出具有實操性的意見。**

# 給對方力量的提問

提問者的提問方式以及語氣，很大程度影響了被提問者的訊息接收。同樣一個問題，帶有斥責等負面情緒的提問方式會令人感覺消極，而積極、帶有鼓勵性質的提問方式，則可以給予對方信心和安全感。

John 對書籍設計還不是太在行，最近林 Sir 安排他獨立完成一套書籍的設計，John 卻始終無法設計出林 Sir 滿意的樣式來。Tony 問 John：「你是不是缺乏專業設計的資格啊？怎麼總是設計不出來？」John 聽到 Tony 的話，便更加難過了。Peter 見狀，趕緊說：「設計是講求靈感的，到書店實地考察一下怎麼樣？或者參考一些名家設計的書籍？加強學習一定比自怨自艾有用，你說是不是？」John 聽Peter 的話，趕緊外出考察了一番，還買了一些書籍加強學習，最終設計出了林 Sir 滿意的方案。

**同樣是針對 John 的專業知識背景，Tony 的提問太突兀，讓 John 感覺到自己的能力被質疑；相反，Peter 換了一個說法，明顯讓 John 備受鼓勵。**

試試以提問給出可行辦法！

心情好和心情不好時，問別人同一個問題會得到完全不同的回應。這是為甚麼？

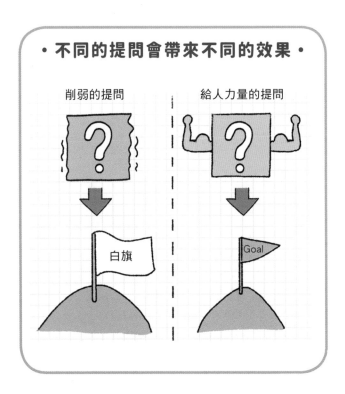

**・不同的提問會帶來不同的效果・**

削弱的提問　　　　給人力量的提問

白旗　　　　　　Goal

提問不僅是一種獲取訊息的手段，同時也體現提問者的態度。因此，提問應該盡量傳遞正面的訊息，給予對方力量，千萬不要因為提問方式不當，反而削弱了提問本身的力量。

## 1. 削弱的提問

有些提問在內容上加入了負面訊息，讓整個問題的落腳點放

提問者的提問方式及語氣，會對被問者
產生很大的影響。如果你採用鼓勵式
提問，那麼對方也能給你一個很好的
回應。

在負面的重點上，從而削弱了問題的力量。例如，如果我們
期望員工提升業績，我們問：「為甚麼營業額沒有升幅？」
及「為甚麼這個月的業績那麼差？」這兩個問題的落腳點在
「沒有升幅」和「業績差」上，很容易給對方一種消極的打
擊，讓對方覺得你這是責斥而非真正意義上的提問，從而削
弱了問題的力量。

## 2. 給對方力量的提問

好的提問應該給予對方鼓勵和力量。為此，我們應該在提問
中採用「徵詢意見」的方式，盡量用肯定對方的方式來提
問，不要用否定對方的方式來提問。還是承上一個案例，
如果我們換個說法，問「如果我們這個月想營業額有所提
升，你有甚麼想法？」或「對於提升業績，你覺得我們可以
從哪些方面入手？」這兩個提問，提問人用的是徵詢意見的
口吻，讓對方感受到尊重，不僅能讓整個提問有力量，還能
真正地問出個想法來，讓對方有空間去思考，歸納好自己的
意見，然後回答你的問題。

**所以說，我們在提問時應該避免一些意氣用事，或具有強烈
主觀傾向的提問方式，應該在提問中加入更多的尊重和正能
量，要善於用肯定的方式去提問，讓提問變得有力量，有鼓
勵性。**

# 有未來視點的提問

生活中遇到「我早就告訴你了！為何你當時沒有這樣做？」這種「馬後炮」式的提問特別讓人煩。因為「過去」是誰也無法改變的事實。因此，提問要有未來視點，主動地傳遞出積極向上的氣息。

兩年前 Kelvin 為某位作者出版了一套書籍，最近卻被這位作者投訴，原因是書籍內提及的參考數字過時，現在被讀者投訴，作者想要重新補充新近的參考數字。Wing 見狀說：「當時就跟你說了，採用一些太久的資料並不合宜，你不聽，現在知道了吧？」Kelvin 本就難受，聽 Wing 這麼「馬後炮」式的責難，便更加不悅。Peter 趕緊說：「那現在你明白了這個問題，以後類似的書籍都可以避免出錯了。」Kelvin 說：「對啊，經一事，長一智呢。」Peter 笑了笑：「所以啊，經過這一次失誤，卻學到了新的專業知識，你為甚麼要難受？應該開心才對。」

**對於 Kelvin 遇到的投訴，Wing 採用的是聚焦在過去，讓 Kelvin 更加悔不當初；相反，Peter 的提問着眼於將來，能鼓勵 Kelvin 盡快從這件事的挫折中走出來。**

試試以提問給出可行辦法！

因為過去的錯誤導致現在的狀態不佳時，很容易因此後悔或一蹶不振，該怎麼辦呢？

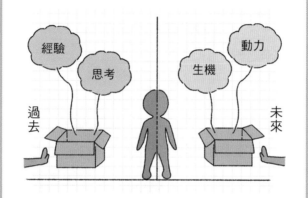

### ・過去與未來對提問的不同用法・

經驗　思考　生機　動力

過去　　　　　　　　　　未來

❗過去可以作為切入點，但要用未來的視角看待問題。

日常中，多用有關未來的提問或話語作為整個對話的落筆，不僅能引發必要的思考，還能讓人感覺對話過程充滿生機和希望，起到更加積極的作用。

**1. 可以將過去作為切入點，但不要把過去作為焦點**

我們現在狀況與每個人的過去不無關係，以對方的「過去」作為切入點，更能有效地引發對方對現在的思考，這是一

可以用過去作為切入點，但不要把過去作為焦點。過去可以對未來產生啟示或幫助，但不要因為已經發生的事而悔恨。

定的。但是我們切不可用過去作焦點，長時間圍繞對方的過去發問，這樣容易給人一種充滿批判的感覺，同時亦顯得不尊重對方。**只要蜻蜓點水式，把過去的某個關聯事件點到即止，我們就可以將話題回到「現在」狀態。**

## 2. 以未來的視點提出設想，將未來視點融入提問中

無論對方的現狀是 OK 還是不理想，適當地把未來的進步融入提問中，引發對方對現在的思考，對未來的憧憬，從而帶來好的改變是非常重要的。例如，我們跟小朋友聊天，對方就「鄰家孩子的成績比自己成績好」表現得憂心忡忡。如果我們問：「你為甚麼就比鄰家孩子的成績差呢？」這樣可以引發對方的反思，但同時也可能打擊到對方的自尊心；相反，如果我們問：「你想不想將來成績比鄰家孩子好？」這明顯會積極很多，容易引發小朋友對「那我要怎麼做，將來才能成績比鄰家孩子好呢？」這個問題的思考。

**用未來視點的提問，能夠引發對方對未來的聯想與興趣，對話也會因此而充滿生機。比較起來，把焦點停留在對方的過去之中，會令對方產生消極情緒，以未來的視點提問是更好的選擇。**

# 激發動力的提問

**每個人都有遇到挫折的時候，難過、沮喪、心灰意冷都是很正常的情緒反應。在這種時候，我們不妨使用一種激發動力的提問，來使自己或他人重新振奮起來。**

Kelvin 設計的書籍樣式再次被作者否定，心情非常沮喪。看到 Kelvin 這樣，Peter 走近 Kelvin，想要出言安慰，但他又不想打擊 Kelvin，如果一味為 Kelvin 打氣，容易讓 Kelvin 有失顏面。於是，Peter 看了看 Kelvin 桌上貼着「不忘初心」的便利貼，便問 Kelvin：「Kelvin，你的初心是甚麼？」Kelvin 回答說：「設計出作者滿意，自己滿意的作品，讓每一個人都感受到閱讀的美好。」Peter 笑了笑：「所以呀，萎靡不振能實現這個初心嗎？」Peter 的提問引發了 Kelvin 的思考，於是他重新振作起來，全身心投入到工作中去。

Peter 如果並沒有從 Kelvin 的「初心」切入，而是直接用話語來安慰 Kelvin，或許也能達到效果，但卻容易讓對方停留在被安慰的層面。現在 Peter 的提問，激發起 Kelvin 自我省察，鼓勵了 Kelvin 重新振作。

試試以提問給出可行辦法！

朋友因為遇到工作上的挫折而受到很大打擊，出言安慰也沒有用，我該怎麼開解她？

內在動力，是我們反思自己，改變現狀的最根本動力，因此，最能激發動力的提問，往往是觸發對方使用內在動力的提問。

這個時候，最好採用一種激發動力的提問，讓她思考自己的內在動力，從而擺脫消極情緒。

## 1. 找準對方的問題所在，引發對方對內在動力的思考

如果對方目前缺乏前進的動力，那麼我們就可以先從針對對方現狀的問題切入，找到對方的問題所在，然後再針對該問題，利用提問來激發對方對自身內在動力的思考。例如，對方因為減肥失敗而自我放棄、暴飲暴食。那麼，我們可以問對方：「你當初想減肥是為了甚麼？」在這裏，減肥失敗是對方失落的原因，而「當初為甚麼減肥」這個提問剛好能勾起對方對自己減肥動力的思考，從而正面面對自己減肥失敗的原因，再作出心理調整。

## 2. 激發動力的提問，也可以是一種自問

除了安慰別人、激發對方的動力之外，利用反問、自問的形式激發我們自身的動力也是非常有效的。當我們遇到挫折的時候，嘗試不要過於關注現在得到的結果，而是採用自問的方式，問問自己當初為甚麼要這樣做，為甚麼會這樣選擇，重新找回自己的衝勁，以此鼓勵自己振作，這是非常有效的一種自我鼓勵方式。

**學會找到問題所在，再針對這個問題，提問當時的初衷，喚起對方對內在動力的思考。我們可以用這種激發動力的提問方式來鼓勵自己、家人和朋友。**

# 好的提問者不會
# 去辯論

在對話過程中，當觀點出現分歧時，對話往往會轉化成辯論，甚至爭論。但好的提問者，能用適當的提問緩和甚至化解觀點分歧。**所以說，好的提問者不會去辯論。**

John 和 Wing 對於素食有不同的觀點。John 認為素食有益健康，能有效控制高血壓，預防視力衰退；而 Wing 則認為，健康就應該營養均衡，不僅要吃素，還應該攝取適當的肉類。以往兩人每次談起這個問題都會爭論不休。這次，Wing 沒有針鋒相對地反駁 John 的觀點，而是反問道：「你說，為甚麼吃素食會對身體較好呢？」John 很有衝勁地仔細說給 Wing 聽聽。Wing 聽後繼續問：「但有些維他命確實需要進食肉類補充，那該怎麼辦呢？」Wing 的問題引發了 John 的反思。在 Wing 的引導下兩人開始心平氣和地討論素食的利弊。

John 和 Wing 之所以走出爭論，是因為「為甚麼吃素食比較有益於身體健康」這個問題，將 John 帶向思考客觀原因的方向。不僅體現了 Wing 對 John 觀點的尊重，同時也使爭辯停止下來。

試試以提問給出可行辦法！

你為甚麼認為素食有益於健康呢？而那些身體所需的肉類元素該怎樣補充呢？

確實，素食有利有弊。

當談話繞進了無意義爭論的怪圈，人們總是會各執己見。這個時候應該怎麼做呢？

## ·棒球投手式提問·

面對分歧先進行「冷處理」

學會接納對方的觀點

### 1. 面對觀點分歧，首先進行「冷處理」

當對話出現觀點分歧的時候，我們本能的第一反應是調動一切有利於支持自己觀點的論調或證據來證明自己。這是

可以利用提問的方式在一段無意的對話中，將重點引導出來，從而解決問題。

我們的正常反應，因此，我們要訓練自己的「冷處理」能力 —— **遇到爭論的時候，先要控制自己，考慮三秒以上再發聲，不要急於反駁別人。**

### 2. 學着去接納對方的觀點

觀點的形成和每個人的思維及客觀境遇有關，並無絕對的對錯之分，因此我們在冷處理分歧之後，要學會接納對方的觀點。**這種接納不必是全盤接受，但要有最起碼的理解。**例如，我們不一定能接受某個朋友的微整形，但當論及此事的時候，我們毋須過於強硬地全盤否定其存在價值，而應該深入一步了解其存在的原因和背景。有太多人因為對外貌的不滿而影響到個人生活，所以微整形確實具備一定的市場空間和價值。有時候，嘗試理解對方的觀點本身就是一種接納和尊重的過程，這樣我們才能保持對方繼續談話的興趣，才能繼續溝通，讓你有機會表達自己的意見。

**當觀點出現分歧時，我們更要切記這一點。冷靜面對分歧，嘗試接納對方的觀點，再理性地分析雙方的分歧，做一個不去爭辯的有效提問者。**

# 教你如何
# 出其不意地提問

聰明的提問有時候會比聰明的陳述更加「一鳴驚人」，關鍵
在於掌握好思維的緊密性以及提問的「出其不意」。簡單
地說，就是認真地想好提問的邏輯，將對方先引向一個既
定的方向，然後再在適合的時機將自己真正的問題穿插其
中，讓對方在不經意間說出你想知道的訊息。

## 1. 非重點的問題不斷重複，進入交流狀態

開門見山雖然好，可是不見得誰都能跟你一開始就熟絡起
來。若對方一開始對你提出的問題就帶着防備的心理回
答，我們可以用非重點的問題先切入，先暖暖場。

### (1) 善用輕鬆提問解除對方的不信任感

如果對方在對話開始的時候對你的話不予重視，我們可以
選擇一些不相關的問題切入，**例如一些大眾都關心的社會
話題，以話題引起大家的興趣**，讓雙方都可以在不涉及自
身利益的前提下，自然而然地說出自己的想法。這樣可以
先讓對方放鬆警惕，降低防備。

### (2) 可以選擇告訴對方你所知道的訊息

一場對話之所以無法如期開展，很大程度上是因為雙方的
消息無法互通，彼此認識不夠，或者訊息不足。所以，**我**

們開始時不妨透露訊息的非重點問題，選擇一個與雙方眼下切身利益沒有直接影響的問題，提供自己所知道的訊息，能幫助你拉近雙方的距離。

## 2. 在過程中抓緊時機切入核心問題

當我們以非重點甚至是無關緊要的問題使對方放下防備，創造了一個良好的對話環境之後，我們就要分析實際情況，抓住時機，將話鋒一轉切入核心問題。首先，我們要判斷時機。**在設置非重點問題的時候，我們其實在引導對方朝着一個思維方向走，讓對方的思路進入到我們所設定的範圍。**當對方表現出足夠深入考慮的時候，我們就可以開始考慮進入核心問題了。

其次，切入核心問題要設置得宜。雖然說我們將核心問題融入了整個對話之中，但是要出其不意，攻其不備，我們需要明確核心問題的每一個重點訊息，並且以不一樣的態度將問題提出來，**如果之前的問題你是隨意地問，那麼對於這個核心問題，你必須表現出認真的態度。**

## 3. 根據情況隨機應變

當然，預設是一回事，真正操作又是另一回事。我們在提問的時候必須打起精神，時刻根據對方的回答分析，做到

隨機應變。例如對方如果對你提出的特定範圍的非重點問題不感興趣，我們就要及時調整「暖場」的系列問題。**當你覺得時機合適，出其不意提問核心問題，而對方一下子警惕性起來，依舊不想正面回答，那麼我們就要迂迴地將問題繞回常規問題中，再找機會提問核心問題。**

# ［簡單實踐法］

## 教 你 如 何 出 其 不 意 地 提 問

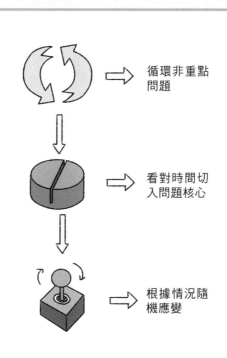

循環非重點
問題

看對時間切
入問題核心

根據情況隨
機應變

❶只要掌握好方法，就能夠出其不意地提問。下次
問重要問題之前請先根據以上流程複習一次吧！

7 個 小 妙 招 提 高
# 你的提問力

在前面的章節中，我們已經系統地介紹了提問力的各個層面。

最後一章，送上 7 個小秘訣，讓你的提問力再上一個 Level！

# 緩和尷尬氣氛的 提問要常備

在日常交談中，不一定總能如魚得水交談甚歡。尷尬、冷場的情況時有發生。因此，我們要常備幾個暖場的話題，而且開始這些話題的提問既要有趣又無傷大雅。

Wing 去見客戶，客戶一臉不悅，能看出來心情不是很好。氣氛有些尷尬，Wing 仔細地觀察了一下客戶，她是個打扮很精緻的女士，於是很真切地說：「張小姐，這個髮型真適合您，特別醒目。我最近也想換髮型呢，您能告訴我是在哪裏做的嗎？」客戶聽到 Wing 真誠的讚美和提問，陰沉的臉上露出了笑容，氣氛一下子緩和了起來，後續的洽談也很順利。

**Wing 的問題看似很簡單，但其中包含了對客戶的讚美，能打動客戶的心，一下子拉近了彼此的距離，緩和了尷尬的局面。**

7 個小秘訣 power up！

咖啡館

進門 →

您這個髮型真好看，是在哪做的?

真的嗎，就是對面商場那家店……

我本身是比較內向的人，跟上司一起去見客戶也不善言辭，經常弄得場面很尷尬，我該怎麼辦？

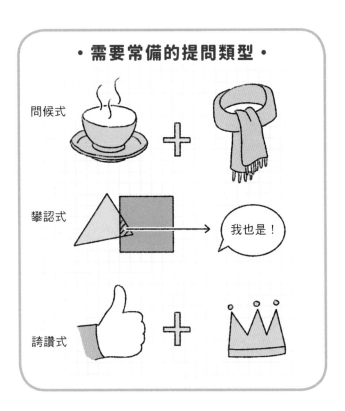

### ・需要常備的提問類型・

問候式

攀認式

我也是！

誇讚式

寒暄的提問方式能夠幫助大家緩和尷尬場面，其中以問候式、攀認式和誇讚式這幾種問題最為常用。

### 1. 最常用的問候式

問候式的寒暄問題是比較常用的。但真正有效的問候式問題，我們需要根據對方的實際情況來設定，如果對方之前

在腦中常備幾個既有趣又無傷大雅的暖場話題，到了關鍵時刻就可以拿出來救場。

身體稍有不適，我們要問候對方的身體。如果對方此前工作遇到挫折了，我們要針對對方的工作來問。總之，問候式提問之所以能有效緩解尷尬，**關鍵在於我們真誠表達了我們對對方的關心。**

## 2. 攀認式的問題，我們要根據實際情況來用

攀認式的問題，說白了其實就是利用雙方相似的地方來拉近關係。例如對方經常光顧某一家餐廳，你可以表示自己也經常去，然後大家討論一下各自喜歡的菜式，交換意見之類的。**攀認式提問的根本在於尋找到雙方的契合點，引發對方的共鳴。**

## 3. 誇讚式的提問，用對了就很奏效

人人都喜歡別人的讚美，因此當對話冷場或尷尬的時候，我們不妨嘗試尋找對方的興趣點或者對方的自豪點進行誇讚式提問。例如「你的髮型真好看，在哪裏做的？」、「你的袖口鈕好精緻，是哪家的品牌？」這種蜜糖式的問題，很容易化解尷尬。

**有趣又得體的話題不止這些，大家在日常的生活工作中也可以自己留心收集。有備無患，當遇到尷尬的情況時，你就是人人喜愛的暖場小能手！**

# 用時間軸來提問

生活工作中的任何事情都存在一個因果關係，當對方面對一個問題一籌莫展的時候，我們可以嘗試用時間軸的方式來提問，其根本用意在於激起對方對事情的連續性思考。

Kelvin 是一個拖延症晚期患者，今晚要交的報告，他想明天再寫。Wing 問他：「你總是這樣今天要交的文件明天才完成，林 Sir 沒有微言嗎？」Kelvin 回答：「當然會，都罵我好幾次了。」Wing 再問：「那你就不擔心因此影響年底的年終評核嗎？」Kelvin 覺得 Wing 的分析也有道理，畢竟這種拖延症導致主管對自己的印象減分，肯定會積少成多的。於是便馬上努力地寫文件，在限定時間內將交件發了出去。

**Wing 的提問之所以聰明，在於她聯繫了 Kelvin 的過去以及將來。** 以 Kelvin 過去不按時交文件為切入，讓他回憶過去主管對他的批評，再以將來年終評核的成績為落腳點，讓其思考主管的印象會不會影響到年終評核。

有甚麼提問方式可以用於打開思路，讓人在對難題一籌莫展時可以找到解決的契機？

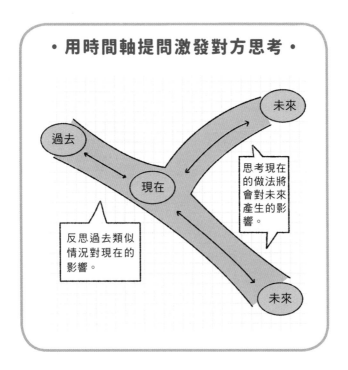

## ·用時間軸提問激發對方思考·

過去

現在

未來

反思過去類似情況對現在的影響。

思考現在的做法將會對未來產生的影響。

未來

出現問題的時候，我們可以回顧過去的事件，並且以這個問題會對將來產生哪些影響為落腳點，從而激起方對目前這個問題作全面的思考。

### 1. 以過去作為切入，提問對方

很多時候，旁觀者清，當事人遇到問題的時候，很可能會

任何事情都存在一個因果關係，時間軸的提問方式，可以勾起對方對事情因果關係或者連續性的思考。

被眼前的問題局限，而忽視了對過去類似情況的思考。這時候，我們可以用過去的情況作為切入點，引發對方對過去的反思。**也許，目前這個狀況以前出現過，那麼當時是怎麼解決的呢，這個解決辦法對現在有參考價值嗎？**又或者，有的事情現在發生了，其實過去也一直發生，但對方沒有重視，那我們可以問問他「那你之前那麼做，出現了甚麼後果嗎？」從而引起對方的重視。

## 2. 以事件對將來的影響作為落腳點

在分析了過去的原因之後，更重要的是要引起對方對未來的思考。我們可以結合目前這個問題的影響，利用提問引導對方對將來思考。例如「你現在嫌考車牌貴，你想過將來要考的時候可能更貴嗎？」**將現在對方的抉擇聯繫到將來可能發生的情況中去，就能激發起對方解決問題的動力。**

用時間軸來提問，主要是引發對方對過去以及將來的思考。在此過程中，我們要注重尋找到目前問題與過去具體情況的關聯，並且要借助涉及將來的提問，來引導對方對將來可能引發的後果思考，這樣才能促使當事人採取實際行動。

# 問題簡短是最佳的

相信大家都有過這樣的經歷，一個人跟你說了一大堆話，提出很多疑問，但是你卻仍然不知道對方說話的重點，或想要表達的意思。這樣往往會讓聆聽的人失去繼續聽下去的興趣。

Kelvin 向 Peter 匯報出版進度的時候，Peter 問 Kelvin 工作上有沒有遇到甚麼問題，有甚麼需要幫忙的。Kelvin 向 Peter 抱怨，手頭上這個作者特別難相處，好幾個書籍設計都被否決了，自己心情很差。Kelvin 就問 Peter：「你說我們出版書籍為了甚麼？你說作者怎麼就不理解呢？為甚麼說服作者就那麼難呢？我的設計到底出了甚麼問題，會不會是他故意刁難？」Peter 耐心地聽完 Kelvin 的抱怨，問道：「Kelvin，你到底要跟我說甚麼呢？」Kelvin 被反問得語塞了。Peter 問：「你是不是想問我如何跟要求高的作者打交道？」聽到 Peter 的問題，Kelvin 使勁地點頭。

**Kelvin 剛開始提問不成功的原因，在於他的表達有問題。Kelvin 的問題設置得非常長，涵蓋的內容也特別多，令人很難理解重點。**

作為一個甚麼都不懂，總是需要向他人請教的職場新手，我總是被上司批評，我該怎麼辦呢？

### ・如何簡短清晰地提問・

前置語

「Less is more」，很多時候少比多好。提問也一樣，無論我們採用何種提問方式和策略，控制好每個問題的長度，讓每個問題都簡潔清晰、明確有力，才是最好的。

有很多問題可以分開來問，一次只問一個問題。我們一定要記住，問題簡短而重點突出才是最佳的。

### 1. 前置語不能過長，不然會演變成意見

在提問的時候，前置語不能太長，如果將自己的全部意見放入前置語，那問題也沒有甚麼意義了。例如「你覺得我們今晚去這家餐廳如何？」和「這家餐廳我經常吃，最喜歡他家的流心芝士烤雞，今晚我們去這家如何？」兩個問題的落腳點是一樣的，可是給人的感覺卻不一樣。**第一個問題是徵詢意見，第二問題則等於是直接給出自己的意見，失去了提問的原意。**

### 2. 問題羅列的訊息要精簡，否則讓人抓不住重點

問題之所以要簡短為佳，還因為我們要考慮到對方對訊息的掌握程度。如果一個問題我們羅列太多訊息，那麼對方就難以抓住重點，從而難以給出我們想要知道的問題的答案。因此，如果我們有很多訊息需要找對方確定，我們可以將這些訊息分成幾個問題，控制好每個問題只問一個重點，不要一下子全都問了。**要記住過猶不及的道理，讓問題簡短而主題鮮明。**

我們一定要記住，問題簡短而重點突出才是最佳的，切不可在問題中融入太多的主觀意見以及訊息，否則會讓對方無法真切表達自己的意見，或者讓對方掌握不到你的問題重點，不知怎麼樣去回答。

# 「為甚麼」要在
# 關鍵時刻使用

**好奇心是人類的天性,但「為甚麼」卻不能濫用。**

Peter 隨林 Sir 一起見客戶,在最後定簽約日期的時候,Peter 建議下週一簽約。客戶希望提前到本星期五之前,最遲星期四簽約。Peter 擔心時間太倉促便問:「為甚麼一定要趕在星期五前?我們還需要調整修改,提前會不會太倉促了?」客戶支吾了幾句。林 Sir 見狀,趕緊補問:「想必,陳總您是週五有要事要忙吧?提前確實有點趕,要不我們改到下週如何?」客戶想了想,沒有直接回應。林 Sir 繼續問:「陳總,要是實在不方便,我們爭取星期四簽吧,趕趕不要緊。」由於林 Sir 多次讓步,遷就自己,客戶不得不說出了原因。原來是因為家人不適,需要有較長一段時間外出就醫,預訂了週五的飛機,所以希望盡快處理好事情。

Peter 雖然老練,在提問中採用尊重和試探式的方法,可是客戶因為私人原因並不想明說,所以 Peter 的問題會顯得有些冒失,甚至涉及別人的隱私。**而林 Sir 不停地讓步,讓對方感受到林 Sir 有誠意,值得信任,才願意將自己的真實原因說出來。**

圖解提問力 —— 7 個小妙招提高你的提問力

**CHAPTER 7**

200
201

我特別喜歡問「為甚麼」，但這樣似乎很容易遭到他人的反感。我應該怎麼做呢？

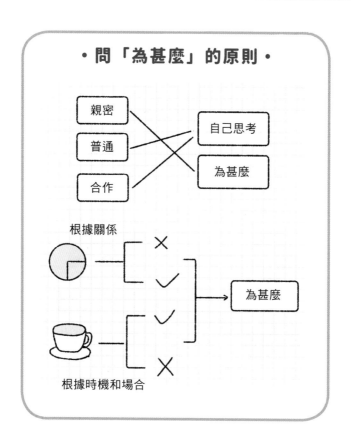

・問「為甚麼」的原則・

親密

普通

合作

自己思考

為甚麼

根據關係

為甚麼

根據時機和場合

## 1. 根據雙方關係來決定要不要問「為甚麼」

小時候上學，我們有不懂事情的都可以問老師、問家長，問他們「為甚麼」，因為他們是長輩，有義務去教導我

「為甚麼」用得好能幫助我們快速地得到想要得到的訊息，但有些時候，欲速則不達。所以要注意時間和場合。

們。可是現實生活中，我們的朋友、同事以及合作夥伴、客戶，卻沒有必須要滿足你求知慾的義務。因此，對於關係比較好的人，例如好朋友、家人，我們可以多用「為甚麼」。如果對方和你只是普通關係，那麼我們就不能濫用「為甚麼」。當想知道原因的時候，我們可以通過其他途徑自己先尋找答案。

## 2. 根據場合和時機來問「為甚麼」

「為甚麼」不是不能問，關鍵是根據場合和時機來問。適當的場合，是指在符合良好溝通的環境中，雙方適合深入地就某件事展開討論的時候，例如和朋友在輕鬆的咖啡室中、同事們在下班後的聚餐中。而適當的時機，主要是指對方對你有足夠信任的時候。如果對方對你的信任度不足，你就一直追問「為甚麼」，容易給對方造成反感，覺得對話有壓力。

**「為甚麼」用得好能幫助我們快速地得到想要得到的訊息，但有的時候，欲速則不達，對於沒有義務向我們事事開誠布公的人，我們要根據時機和場合，在關鍵的時候，合適得體地問出「為甚麼」。**

# 不能像審犯人
# 一樣提問

**提問之所以要講求技巧，是因為對於同一個問題，問的方式不同，得到的答案也會截然不同。**

Wing 想健身，於是找到 Tony 問問健身的事情。Wing 不停地問 Tony，而且語氣有些強硬。「健身真的有那麼好嗎？」、「去健身房和在家裏不是差不多嗎？」、「你健身以後真的覺得自己的身材變好了？」Tony 覺得 Wing 像審問犯人一樣問自己，於是草草回答了幾句就結束了對話。過了幾天，Wing 和 Peter 一起碰到 Tony，Peter 恰巧也想打聽健身的事情，於是就問 Tony：「聽說健身是個講求技術的運動，我想請教一下你這位健身達人，該怎麼做才能快速地達到我想要的健身效果？」聽到 Peter 提的問題，Tony 便詳細地講解了健身的好處、注意事項等。

其實，Wing 和 Peter 都是想多了解健身的有關問題之後再決定要不要去健身。可是，Wing 連珠炮發的問題，給 Tony 一種被審問的感覺；**相反，Peter 的問題不僅給 Tony 戴了頂「高帽」，更重要的是，他給出的是開放式問題，讓 Tony 能夠按照自己的思路解答。**

我是一個性格特別急的人，所以經常在問問題的時候，遭到別人的拒絕。我該怎麼改善這種情況？

### · 如何避免審犯人式提問 ·

避免一連串問題

不要一味索求回答

如果我們語氣僵硬地將一連串問題拋給對方，很容易給對方咄咄逼人的感覺，對方或沒辦法一時間逐一回答清楚，所以，**我們要掌握好問題與問題之間的節奏，還要注意自**

如果我們語氣僵硬地將一連串問題拋給對方，很容易給對方咄咄逼人的感覺。所以要掌握好問問題節奏，還要注意語氣等細節。

己的語氣等細節。

## 1. 不要用問題反覆逼迫對方

當問題一個接一個，而且都要求對方給予明確答案的時候，對方會感到壓力，容易產生一種自己被審問的感覺。所以，一定要避免一連串問題洶湧而出。如果我們心中確實有一系列問題，可以嘗試給對方一個方向性的概括性問題，讓對方有空間按自己的思路解答。**如果其中有我們想知道但沒回答到的點，我們可以再在合適節點插入單個問題。一定要注意提問的方式與語氣，要讓對方覺得自己是被尊重的。**

## 2. 不要一味地索取回答，自己也要分享訊息

一味追問，容易讓對方產生反感。將對方定性在一問一答，我問你答的方框中是一種最讓人煩的對話模式。憑甚麼對方非得一一回答？所以，我們要學會拋磚引玉。當我們想從對方身上得到某些訊息，首先就得拿出誠意讓對方知道自己已經了解的部分，將自己的一些訊息先告訴給對方，**讓對方感受到這是訊息交流的過程，而不是你一味地索取訊息。**

# 越重要的事越要在不經意中問

**有技巧地提問，往往是讓人不易察覺的。那是因為當我們越強調一個事情的時候，人們越會考慮得多。所以，越重要的問題越是要在不經意間提出的。**

林 Sir 為新項目設計了一個方案，讓 Kelvin 跟進完善。Kelvin 在研究方案過後，發現方案中的資金預算有很大的問題。Kelvin 想到以前自己發現過 Tony 的方案有問題，一針見血地指了出來。結果 Tony 有些惱羞成怒，兩人不歡而散。這次 Kelvin 找到林 Sir，先是就一些無關緊要的方面讓林 Sir 講解一下，接着 Kelvin 不經意間說到：「這個方案真有創意，把客戶的問題都解決了。不過，我們這麼做會不會超預算？」林 Sir 想了想，說：「預算確實是個問題，我們還需要再考慮一下這個方案。」

Kelvin 這次問得聰明，主要在於先用無關重要的問題分散了林 Sir 的注意力，讓對方放鬆。然後再出其不意地提出自己的核心問題，讓林 Sir 在放鬆的情況下接收到 Kelvin 的問題，就不會給林 Sir 一種「找麻煩」的感覺。

每次問到重點問題的時候都不太順利。似乎人們對某些問題會特別有反抗情緒。

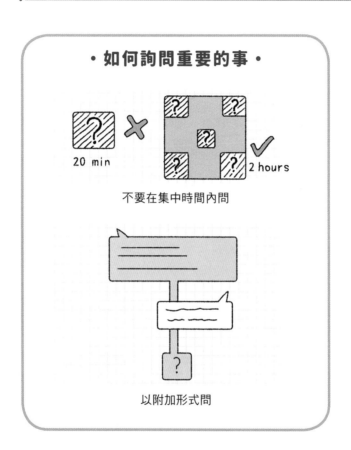

## · 如何詢問重要的事 ·

不要在集中時間內問

以附加形式問

**1. 問重要事情時，不要在集中時間內問**

越重要的事情，我們就越急於求成，想一口氣問完且得到我們想要的準確答案。然而，**真話以及有用的訊息往往是**

越是重要的問題，我們越要將其偽裝成
非核心問題，穿插在其他問題中，不經
意地問及。

**在不經意中脫口而出的**，如果我們想要從對方口中得出不加思考的答案，那麼最好的辦法就是將重點問題錯開來問，擾亂對方的視線，做到舉重若輕。例如，你想問你同事年終花紅的事情，可是這個敏感問題如果直白地追問，只會讓人感覺有壓力或者產生其他猜測。相反你可以先訴訴苦說自己與勤工獎失之交臂了，關心一下同事有沒有被扣掉勤工獎，強積金調整後多扣了多少錢，然後再將花紅事宜穿插在這些問題中。

## 2. 以附加形式不經意地問

提問者和回答者雙方的關係就像握在手中的沙子，你抓得越緊漏出手的就越多越快。你表現得太重視，對方偏偏就不滿足你的需求。所以，面對特別想知道的訊息，我們可以試着不要表現得對其太過在乎，反而是將這個問題作為附加問題，融入其他無關緊要的問題中問。不經意地問，往往能獲得意想不到的結果。

總而言之，對待重要問題，我們一定要慎重，不要輕易透露你的終極目標是甚麼。**越是重要的問題，我們越要將其偽裝成非核心問題，穿插在系列問題中，不經意地問起。**

# 向不同群體
# 提問的技巧

**面對個體和面對群體的提問方式是不同的。**

Kelvin 發現，林 Sir 在不同的場合提問的方式有所不同。在跟自己談話時，提出的問題多是開放性的，且多涉及自身的興趣愛好；在向團隊提問時，多採取封閉式的方法提問，例如是不是、行不行；當代表公司對外接洽時，則稍顯強勢。Kelvin 有些疑惑，便問林 Sir。林 Sir 告訴 Kelvin，在單獨談話時，為拉近兩人的關係，要多問一些對方感興趣的問題，讓對方多談；在面對眾人時，每個人都有自己的想法，所以就不能提開放性的問題，讓大家都就各自的目標去回答問題了，這時候要提封閉式的問題，讓大家做選擇題。

林 Sir 對待不同群體採用不同的提問方式，是非常有效的。**對待個人，如果採用選擇題，容易封閉對方的思考空間；而同樣的一個問題，如果面對的是大多數人，開放性的問題會收獲過多的訊息，所以選擇題是比較好的。**

7 個小秘訣 power up！

我不太擅長同時向多人提問題，但最近公司活動由我來主持，很多事情要徵求大家的意見，我應該怎麼做呢？

從對話效率的層面去考慮，面對個人或者眾人應該採用不同的提問技巧。

### 1. 向一個人提問時，要考慮對方感興趣的點

如果對方是一個人，那麼我們只需要分析這個人性格特

向多人提問時，要採取封閉式的提問，不用給出太多選項，並且要注意關鍵人物的選擇。

質。最容易實現高效對話的方式，是從對方的興趣切入，尋找到對方樂於討論的點，然後再針對性地發問，就往往能取得較好的對話效果。

### 2. 向多人提問時採用封閉問題，並注意關鍵人物的選擇

如果對方是多人，封閉式的選擇題比起開放式的解答題更加奏效。但若想效果更好，我們就要在設定選項的方面下功夫。怎麼下功夫呢？**關鍵是為關鍵人物度身訂造問題的選項。**如果在多人中，我們更重視 A 的選擇，那麼就針對性地分析 A 的喜好，讓這個面向多人的選擇題選項，更切合 A 的情況，這樣就更容易達到預期效果。

### 3. 代表多人提問時，要稍顯強勢

另一種情況是我們代表多人提問，這時候無論對方是個人或多人，就要考慮我們所代表的一方的立場。所以，要表現得更加強勢。這樣一來可以讓對方感受到你的代表性，增強信服力；二來可以給對方在心理上更加強調你所代表的群體，讓對方回答時考慮的不僅是你個人，而是要進一步顧及你所代表的群體。

# 教你如何
# 考慮對方的感受

想要開展有效的對話，想要更準確地得到我們想要的訊息，注意顧及對方的感受無疑是非常實用的做法。

## 1. 切不能傷害對方的感情

無論是日常交談還是商務談判，照顧對方的情緒，尊重對方的感受是最基本的原則。只有對方感受到你的尊重，對話才有可能更好地進行下去。

## 2. 關心對方的感受，提問技巧要善用

### (1) 把周圍的人和事關聯起來，針對敏感問題不要太直白

當我們想要詢問觸及對方隱私或者重要訊息的事情時，我們直白地提問，肯定會引起對方的警惕和反感。**這時我們可以想辦法將周圍的人和事關聯起來**。例如，你想問對方的年齡，你可以問：「我是 1985 年出生的，典型的 80 後，您呢？您是不是我的同齡人呀？」這樣就緩和了不少。

### (2) 以自己的經歷作為話題

很多時候，人不喜歡跟別人分享過多自己的訊息，尤其是一些不想提及的經歷。這時候，**我們可以自己的「慘痛」經歷作為話題來開場，讓對方感受到你的真誠**，就能更好地開展接下來的對話提問了。

### （3）誘導對方說話或者提意見

**如果對話過程只有你單方面的提問和分享，缺乏對方的互動，那麼對方很可能會產生被動感**，從而拒絕繼續對話。因此，在對話過程中，我們要不時地引導對方說話，引導對方就自己的訊息分享其個人意見。

### （4）借第三者的話來提問

如果某些問題你難以過分直接地問對方，而你又希望從對方身上得到答案，此時**可以借用第三者的話來提問**。

### 3. 必要時，對對方的回答表示「驚訝」

適當地使用「驚訝」的表情，有時能讓對話事半功倍，這個方法主要在於讓對方產生「我知道你不知道的事情」這種佔上風的感覺。除了這種常規情況，一旦對方是在向你訴說自己的困境或者挫折，表現出驚訝能給予對方尊重。這個小小的微表情，能樹立一種你認為對方很能幹，不會遇到這種問題的感覺。所以，善用「驚訝」表情或者能助你收獲意想不到的效果。

### 4. 給對方優越感，適當地「裝瘋賣傻」

當一個人在對話中感受到優越感的時候，他會更加樂意去

分享自己的感受和意見。所以，當對方在提問或陳述某些訊息的時候，我們可以適當地「裝瘋賣傻」，假裝對對方陳述的訊息並不知情，期待並感謝他的分享。這樣，對方就會有優越感，更加樂於和你繼續對話。所以說，有時候「裝瘋賣傻」，其實也是一種巧妙的做法。

對話提問中顧及對方的感受是對高效談話最基本的要求，我們要善用提問技巧，不要過多地追問對方的情況，多以自己作為「談資」，從而引導對方說出自己的看法或意見；**還可以善用「驚訝」以及「裝瘋賣傻」這些小技巧，給予對方優越感，讓對方樂於與你繼續談話。**

一起來看看有甚麼實踐方法！

# ［簡單實踐法］
## 教 你 如 何 考 慮 對 方 的 感 受

將人和事物聯繫起來

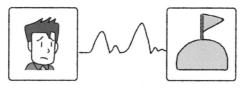

用自己的經歷來拋磚引玉

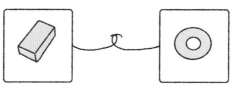

借用第三者的話來提問

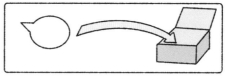

❶如何在提問時顧及對方感受的方法大家學會了嗎？不妨時常根據以上的提示來複習一下！

# 主要參考 & 引用

[1] 上田正仁。《伝え方が9割》。東京：ダイヤモンド社，2016。頁45。

[2] 池上彰。《伝える力》。東京：PHP ビジネス新書，2007。頁45-48。

[3] 安田正。《超一流の雑談力》。東京：文響社，2015。頁56-58。

[4] 野口敏。《誰とでも15分以上 會話がとぎれない！話し方66のルール》。東京：すばる舎，2009。頁46-52。

[5] 岩井俊憲。《アドラー流　人をＨａｐｐｙにする話し方》。東京：王様文庫，2015。頁62-67。

[6] 五百田達成。《察しない男 説明しない女 男に通じる話し方 女に伝わる話し方》。東京：ディスカヴァー・トゥエンティワン，2014。頁7。

[7] 秋竹朋子。《「話し方」に自信がもてる1分間聲トレ》。東京：ダイヤモンド社，2016。頁19。

[8] 山田ズーニー。《あなたの話はなぜ「通じない」のか》。東京：ちくま文庫，2006。頁50-52。

[9] 吉田照幸。《「おもしろい人」の會話の公式 気のきいた一言が Relationships to Referrals》。USA：BenBella Books，2014。頁6。

# 圖解
# 提問力

快速獲取
答案的 49 種技巧

**速溶綜合研究所　著**

| | |
|---|---|
| 責任編輯 | 林雪伶 |
| 裝幀設計 | 明　志　楊愛文 |
| 排　版 | 楊舜君 |
| 印　務 | 劉漢舉 |

**出版**
非凡出版
香港北角英皇道 499 號北角工業大廈 1 樓 B
電話：（852）2137 2338　傳真：（852）2713 8202
電子郵件：Info@chunghwabook.com.hk
網址：http://www.chunghwabook.com.hk

**發行**
香港聯合書刊物流有限公司
香港新界大埔汀麗路 36 號
中華商務印刷大廈 3 字樓
電話：（852）2150 2100　傳真：（852）2407 3062
電子郵件：info@suplogistics.com.hk

**印刷**
美雅印刷製本有限公司
香港觀塘榮業街 6 號海濱工業大廈 4 樓 A 室

**版次**
2019 年 3 月初版
©2019 非凡出版

**規格**
184mm x 130mm

**ISBN**
978-988-8572-33-5

本書簡體字版名為《提問力：教你學會深度提問》（ISBN：978-7-115-47592-3）。
本書為長沙市越華文化傳播有限公司授權的繁體字中文版。